Wilfried Müller

111 PORSCHE-STORIES DIE MAN KENNEN MUSS

emons:

Inhalt

FRÜHWERK | 8

1 — Lohner-Porsche-Elektromobil
Schneller als Galopp | 10

2 — Lohner-Porsche Semper Vivus
Der Hybrid-Ahne | 12

3 — Austro-Daimler-Rennwagen »Sascha«
Klein, leicht, schnell | 14

4 — Auto-Union-Grand-Prix-Rennwagen
Modell für modernen Motorsport | 16

SCHLÜSSELFIGUREN | 20

5 — Ferdinand Porsche
Der Beginn der Legende | 22

6 — Ferdinand »Ferry« Porsche
»Am Anfang sah ich mich um ...« | 24

7 — Louise Piëch
Lenkte Porsche durch Krisenzeiten | 26

8 — Ferdinand Alexander »F. A.« Porsche
Der Designer des 911 | 28

9 — Wolfgang Porsche
Mächtig, aber kein Machtmensch | 30

10 — Ferdinand Piëch
Visionär mit Durchschlagskraft | 32

11 — Helmuth Bott
Vorstand mit Herz | 34

12 — Ernst Fuhrmann
Erster Vorstandschef und Turbo-Promoter | 36

13 — Horst Marchart
Stiller Steuermann reißt das Ruder rum | 38

14 — Anatole Carl Lapine
G-Serie 911, Bestseller und Raumgleiter | 40

15 — Harm Lagaaij
Wer neue Wagen wagt, gewinnt | 42

16 — Michael Mauer
Porsche Style im 21. Jahrhundert | 44

17 — Wendelin Wiedeking
Westfale mit eisernem Besen | 46

MEILENSTEINE | 48

18 — Mit der Type 7 geht es los
Die Firma Porsche wird geboren | 50

19 — Käfer und Porsche
Ein Konzept, zwei Legenden | 52

20 — Porsche 356 Nummer 1
Der erste Prototyp | 54

21 — Porsche 356/2
Kleinserie der Kostbarkeiten | 56

22 — Der Carrera-Motor
Wie ein Rennpferd – kompliziert und schnell | 60

23 — Porsche 550 Spyder
Kutsche mit Mittelmotor | 62

24 — Porsche 911 2.0
Die ersten Zeilen der Legende | 64

25 — Porsche 911R
Der erste Renn-Elfer | 66

26 — Porsche 917
Vom Schreckgespenst zum Kultobjekt | 70

27 — Porsche 911 Carrera RS 2.7
Der Revoluzzer | 72

28 — 911 Carrera RSR Turbo 2.1
Der erste mit Lader | 76

29 — Porsche 911 Turbo 3.0
Der antizyklischste Porsche der Geschichte | 80

30 — Porsche 928
Seiner Zeit zu weit voraus | 84

31 — Typ 953
Mit Allrad in die Sahara | 86

32 — Porsche Cayenne
Meilenstein im Offroad | 90

RENNFAHRER | 92

33 — Hans Herrmann
Historische Siege, kluger Rücktritt | 94

34 — Herbert Linge
»Des isch doch net schnell!« | 96

35 — Vic Elford
Zwei Premieren, ein unmöglicher Sieg | 98

36 — Joseph Siffert
Geschwindigkeit im Blut | 100

37 — Gerhard Mitter
Der Europameister mit dem Gipsfuß | 102

38 — Hurley Haywood
Amerikas bester Langstrecken-Mann | 104

39 — Jacky Ickx
Nachdenklich schnell | 106

40 — David Piper
Rasende Liebe zum 917 | 108

41 — Derek Bell
Rennsport und sonst gar nichts | 110

42 — Hans-Joachim Stuck
Von der Zugspitze | 112

43 — René Metge
Der freundliche Wüstenkönig | 114

44 — Bob Wollek
Der Traum »Le Mans« blieb unerfüllt | 116

45 — Walter Röhrl
Perfekt Fahren, offen Reden | 118

EXTREMISTEN | 120

46 — Porsche 909 Bergspyder
Der Extremkletterer | 122

47 — Porsche 908/03
Fahrmaschine pur | 124

48 — Porsche 917 PA Spyder 16 Zylinder
Der Riese lernt das Laufen nicht | 128

49 — Porsche 917/30 Spyder
Das Ungeheuer | 130

50 — Porsche 935 2.0 »Baby«
Das »Baby« mit den Siegergenen | 132

51 — Porsche 935/78 »Moby Dick«
Der stärkste aller Elfer | 134

52 — Porsche 956/962C
Dauersieger mit »Ground Effect« | 138

53 — TAG Turbo V6 made by Porsche
Zwerg mit Riesenkräften | 140

54 — Porsche 919 hybrid
Sehr kompliziert und sehr faszinierend | 142

AN DER BOXENMAUER | 146

55 — Fritz Huschke von Hanstein
Weltmann und PR-Genie | 148

56 — Wilhelm Hild
Der Mann mit der Kippe | 150

57 — Peter Falk
Stiller Rennchef mit großem Erfolg | 152

58 — Hans Mezger
Ließ die Pferde galoppieren | 154

59 — Jürgen Barth
Diplomatie im Renntempo | 156

60 — Norbert Singer
Der mit dem Wind rechnet | 158

FAMILIENSCHMUCK | 160

61 — Porsche 356 1100 Coupé »Ferdinand«
Langes Autoleben | 162

62 — Porsche 911 Turbo No. 1
Schottenkaro und 260 Pferde | 164

63 — 914/8
Dr. Jekyll für die Doctores Porsche & Piëch | 166

64 — Porsche Panamericana
Exote voller Zukunft | 168

ZAUBERWORTE | 170

65 — Gmünd
Flucht- und Anfangspunkt | 172

66 — Carrera
Ehrentitel für ganz besondere Porsche | 174

67 — Porsche Speedster
Yoga-Kurs von Vorteil | 176

68 — Rennabfahrt
Bremsentortur am Mont Ventoux | 178

69 — Teloché
Teambasis am »Scharfen Eck« | 180

70 — Turbo
Pferdestärken aus dem Abgasstrom | 182

71 — Weissach
Hightechzentrum auf der Schafweide | 184

KUNST AM PORSCHE | 186

72 — Janis Joplins 356 SC Cabriolet
Bemalt, geklaut, gerettet | 188

73 — Steve McQueens »Le Mans«
Vom Flop zur Legende | 190

74 — 917 »Hippie-Car«
Psychedelische Kunst bei 400 Sachen | 192

75 — 917/20 »Sau«
Die »Dicke Berta« zur Sau gemacht | 196

76 — Porsche 911 Biggibilla
Songlines für einen Carrera | 198

77 — Elf Elf
Die Beton-Porsche | 200

PARADIESVÖGEL | 202

78 — Porsche Typ 64 Rekordwagen
Der Porsche-Urahn | 204

79 — Porsche Typ 360 Cisitalia
Zukunftsmusik ist schwer zu spielen | 206

80 — Porsche Exclusive
Alles geht | 208

81 — Weniger ist mehr ...
oder: Gelobt sei, was hart macht | 212

MOMENTE | 216

82 — Christophorus
Frau Konnerth war das erste Model | 218

83 — Der erste Crashtest
Fast mit Lebend-Dummy | 220

84 — Typennummern
Der 911 ist nicht der 911te | 222

85 — Über den Atlantik
Porsche startet 1950 in den USA | 224

86 — Ganz weit weg
Die ersten Porsche für Australien | 226

87 — Rallye Monte Carlo 1965
»Ihr könnt ruhig Letzte werden.« | 228

88 — Monza, 4. November 1967
Auto zerbrochen, dann fünf Weltrekorde | 232

89 — Porsche 917
Heureka dank toter Fliegen | 234

90 — Le Mans 1970
Die Krone aufgesetzt | 236

91 — 1.000 Kilometer von Spa-Francorchamps 1971
Vier Zehntelsekunden | 240

SUPERSPORTLER | 242

92 — Porsche 959
Was geht im Sportwagenbau? | 244

93 — Porsche 911 GT1 Straße
Der erste Mittelmotor-Elfer | 248

94 — Porsche Carrera GT
Der letzte der alten Schule | 250

95 — Porsche 918 Spyder
Der mit den drei Herzen | 254

PROTOTYPEN | 256

96 — Ein 911 für vier
Gar nicht so einfach | 258

97 — Porsche 928 H50
Der erste Viertürer-GT von Porsche | 260

98 — Porsche 965
»Bei 300 ein sehr sicheres Gefühl.« | 262

99 — Porsche 984
Zweisitzer für Einsteiger | 264

100 — Porsche Taycan
Flüstertour im Grenzbereich | 266

DIE TOLLSTEN STRECKEN | 270

101 — 24 Stunden von Daytona
Lange Nacht in Florida | 272

102 — Die 12 Stunden von Sebring
»Doppelt so qualvoll« | 276

103 — 1.000 Kilometer Nordschleife
Eifeler Flugtage | 278

104 — Le Mans
Toujour l'amour, manchmal fou | 280

105 — Rallye Paris–Dakar
Drei Starts, zwei Siege | 284

106 — Targa Florio
72 Kilometer, 800 Kurven – pro Runde | 288

ZITTERPARTIEN | 292

107 — Fahrrad verfolgt Porsche
Reifenplatzer bei 175 Sachen | 294

108 — Le Mans 1969
24 Stunden, 120 Meter Rückstand | 296

109 — Daytona 1977
Keine Tür, aber Lippenstift am Rücklicht | 298

110 — Le Mans 1977
Porsches einziger Fünfzylinder-Sieg | 300

111 — Le Mans 1987
Süßer Triumph in hartem Jahr | 302

Vorwort

Ein Buch voller Porsche-Stories. Kein Geschichtsbuch, kein Lexikon. Sondern 111 appetitlich-knackige Geschichten zum Staunen, zum Schmunzeln, zum Genießen. Und wenn viele unter Ihnen bei der einen oder anderen Story nachher sagen würden: »Mensch, das wusste ich nicht«, dann wäre das für mich eine große Freude. Natürlich muss ein Buch über Porsche von den Menschen erzählen. Vom Urvater Ferdinand, der ein Autodidakt und ein Konstrukteursgenie war. Von den Ferdinands, die dann folgten: Ferry erfand den Porsche-Sportwagen, F. A. zeichnete den 911, Ferdinand Piëch setzte die Tradition der technischen Revoluzzer fort. Viele Menschen leiteten die Geschicke des berühmtesten Sportwagenherstellers der Welt im Hintergrund. Sie standen an Zeichenbrettern und an den Boxenmauern auf den Rennstrecken dieser Welt. Brillante Könner ihres Fachs, großartige und gewiefte Strategen des Motorsports und Charakterköpfe mit höchst interessanten Stories. Natürlich geht es auch um Rennfahrer – diese Grenzgänger im Kosmos der Geschwindigkeit – und um die Strecken, auf denen sie um Siege kämpften, wo sie die Geschichten von Triumphen und Niederlagen schrieben.

»Porsche« bedeutet »Auto«, und zwar der ganz besonderen Art. Unsere Stories erzählen über den ersten Elektrowagen vor mehr als einem Jahrhundert, über Meilensteine der Sportwagengeschichte, über Paradiesvögel, Prototypen und Rennwagen, die siegten, die verloren, die nie zu einem Rennen starteten oder die in kleinster Stückzahl als Familienschmuck handgefertigt wurden. Mit Porsche verbinden sich Zauberworte, mehr oder weniger bekannte. Es war faszinierend, herauszufinden, was hinter ihnen steckt: Gmünd, Turbo, Carrera, Speedster … Schließlich geht es um ganz spezielle Momente wie jenen, als ein Porsche aus luftiger Höhe auf den Asphalt krachte und damit der erste Crashtest vollzogen war. Oder als zwei Porsche 917 ein 1.000-Kilometer-Rennen in vier Stunden hinter sich brachten und am Ziel ganze vier Zehntelsekunden zwischen den Kampfhähnen lagen. Mein herzlicher Dank für sachkundige und endlos geduldige Hilfe geht an Dieter Landenberger als den Leiter des Historischen Archivs im Porsche Museum Stuttgart-Zuffenhausen, an den dortigen Bildarchivar Jens Torner und seinen Kollegen Tobias Mauler.

Nun lade ich Sie herzlich ein zu einer faszinierenden Reise in die Porsche-Welt und wünsche Ihnen viel Freude bei 111 Zwischenstopps.

Wilfried Müller

___ Ferdinand Porsche konstruierte 1922 den Austro Daimler »Sascha« ADS R. Ein revolutionär kleiner, leichter und wendiger Rennwagen mit 1,1-Liter-Motor und 45 PS.

FRÜHWERK

FRÜHWERK

1__ Lohner-Porsche-Elektromobil

Schneller als Galopp

Wir schreiben das Jahr 1899. Technikbegeisterung allenthalben, das Automobil beschleunigt die Zeitgenossen zu rauschhaften Erlebnissen jenseits der Galoppgeschwindigkeit. Junge Techniker tüfteln an den verschiedensten Antrieben: Gas, Benzin, Elektro. Der 23-jährige Selfmadekonstrukteur Ferdinand Porsche tritt seine Stelle bei der »Jakob Lohner k. u. k. Hofkutschenfabrik« in Wien an und bringt eine Morgengabe mit. Er hat einen lenkbaren elektrischen Radnabenmotor für den Automobilantrieb erdacht und schon patentieren lassen. Der ist so gut wie lautlos, stinkt nicht und funktioniert meistens.

Elektroantriebe gibt es etliche, aber keiner braucht so wenig Kabel und Stromverbindungen, keiner erspart den Konstrukteuren komplizierte Kraftübertragungen, denn bei Porsche sitzt die Power direkt am Rad. Lohner entscheidet im Jahr von Porsches Eintritt, das Abenteuer Automobil zu wagen. Und zwar mit der Konstruktion des jungen böhmischen Technikers, denn die Luft würde von »... in großer Anzahl auftretenden Benzinmotoren erbarmungslos verdorben ...«, wie Lohner vom Technischen Museum in Wien zitiert wird.

1899 wird aus der Verbindung von zwei Radnabenmotoren an der gelenkten Vorderachse und einem Kutschenfahrwerk das Lohner-Porsche-Elektromobil. 1900 zeigt Lohner die Porsche-Konstruktion auf der Weltausstellung in Paris. Das Vehikel mit 2,5 PS oder 1,8 kW an jedem Vorderrad löst große Begeisterung aus. 35 Stundenkilometer sind locker erreichbar, bis zu 50 Sachen sollen möglich sein. Aber es bleiben Hürden auf dem Weg zur Alltagstauglichkeit zu überwinden. Der über acht Zentner schweren Bleibatterie geht nach bestenfalls 50 Kilometern der Saft aus, und die Gummibereifung ächzt unter dem Gewicht des 1,2-Tonnen-Gefährts. Jung-Ferdinand sinnt bereits auf Abhilfe: Man könnte die Batterie kleiner dimensionieren und während der Fahrt mit einem Generator aufladen ...

___ Das Lohner-Porsche-Elektromobil am österreichischen Stand auf der Pariser Weltausstellung 1900. Die Hinterreifen ächzen unter dem Gewicht der Bleibatterie.

FRÜHWERK

2_ Lohner-Porsche Semper Vivus
Der Hybrid-Ahne

Auf der Pariser Weltausstellung 1900 beeindruckt der 24 Jahre junge Konstrukteur Ferdinand Porsche mit seinem Lohner-Porsche-Elektromobil. Allerdings krankt die Kutsche mit zwei Radnabenmotoren vor allem an ihrer mäßigen Reichweite von bestenfalls 50 Kilometern. Während die Zeitgenossen in Paris noch staunen, bringt Porsches Genie in Wien weitere automobile Novitäten hervor: einen Rennwagen mit Elektromotoren und Bremsen an allen Rädern – beides Weltneuheiten. Und sein »Semper Vivus« wird der erste funktionsfähige Hybridwagen der Geschichte sein.

Um den »Semper Vivus« tatsächlich »für immer lebendig« zu halten, kombiniert Ferdinand zwei kleine, wassergekühlte De-Dion-Bouton-Einzylindermotoren von je 750 Kubikzentimeter Hubraum und 3,5 PS (2,6 kW) mit jeweils einem Generator. Jeder Generator liefert 20 Ampere bei 90 Volt Spannung an einen Radnabenmotor an jedem Vorderrad, der 2,5 PS (1,8 kW) mobilisiert. Überschüssiger Strom aus den Generatoren lädt die Bleibatterie. Mit nur noch 44 Zellen ist sie wesentlich kleiner als das 74-Zellen-Monstrum aus dem Elektrowagen. Dank der Hybridtechnologie wächst die Reichweite auf rund 200 Kilometer – noch nicht semper vivus, aber ein Riesenfortschritt. Die eigene »Ladestation« erweist sich als glänzende Idee mit einer großen Zukunft.

Bis zur Serienreife braucht es noch etwas Feinarbeit, vor allem am Zusammenspiel von Verbrennungsmotoren, Generatoren und Batterie. Schließlich präsentiert Porsche den »Lohner-Porsche-Mixte«, einen Hybridwagen mit 4-Zylinder-Frontmotor und Radnabenmotoren, auf dessen Basis sogar eine Kleinserie von Hybridautomobilen entsteht.

___ Vollcabrio mit Hybridantrieb im Stil der Jahrhundertwende: Porsches Semper Vivus mit E-Maschinen vorn und Verbrennern vor den Knien der Fondpassagiere.

FRÜHWERK

3__ Austro-Daimler-Rennwagen »Sascha«
Klein, leicht, schnell

Ferdinand Porsche war 31 Jahre alt, als er 1906 bei der Österreichischen Daimler Motoren Gesellschaft – kurz Austro Daimler – in Wiener Neustadt das technische Ruder übernahm. Es folgten erfolgreiche Jahre, in denen Porsche als Technischer Direktor Busse, Feuerwehr- und Rennwagen, Flugmotoren und in den Jahren des Ersten Weltkriegs Militärgerät entwarf. Er tat das mit solchem Erfolg, dass die Technische Hochschule Wien ihm 1917 den Ehrendoktortitel verlieh.

Zwei Dinge ließen Porsche nie los: der Rennsport und die Idee eines verhältnismäßig kleinen, erschwinglichen Autos (das durch den Rennsport bekannt gemacht werden musste). 1922 verwirklichte Porsche diese Idee und konstruierte zunächst einen kleinen Rennwagen – ein revolutionäres Konzept zu einer Zeit, da Autos als Luxusgüter repräsentativ, groß und stark motorisiert sein sollten. Porsches Philosophie dagegen lautete: kleiner, leichter und deshalb schneller. Austro Daimler winkte ab, weshalb Porsches Freund Alexander Joseph »Sascha« Graf Kolowrat-Krakowsky – Rennfahrer und Filmproduzent – mit einer Geldspritze half. Porsche nannte seinen Flitzer den Austro-Daimler ADS R »Sascha«.

Vier Sascha rollten 1922 bei einem der wichtigsten Rennen an den Start: der Targa Florio auf Sizilien. Porsches schnellster Mann war sein Versuchsfahrer Alfred Neubauer. Der spätere Rennchef von Mercedes brachte einen Sascha mit einem Schnitt von 54 km/h über 432 Kilometer auf Platz 19. Mit seinem 1,1-Liter-Vierzylinder war Neubauer nur acht km/h langsamer als ein 4,5-Liter-Mercedes! Zwei weitere Sascha kamen ins Ziel, während der Graf selbst mit technischem Defekt ausrollte. Es folgten etliche Erfolge für den kleinen Rennwagen, unter anderem auf der schnellen Strecke im belgischen Spa, wo Sascha mit verkleideten Speichenrädern und einem tropfenförmigen Heck rannte. 1923 verließ Porsche Austro Daimler in Richtung Daimler Motorengesellschaft in Stuttgart-Untertürkheim, wo ein Vorstandsposten auf das ewig unruhige Konstrukteursgenie wartete.

___ Der Sascha startet 1922 zum Rennen bei Graz. Links am Auto der wohlgenährte Sponsor Graf Kolowrat. Rechts mit steifem Kragen Ferdinand Porsche mit Sohn Ferry.

FRÜHWERK

4_ Auto-Union-Grand-Prix-Rennwagen
Modell für modernen Motorsport

Die frühen 30er Jahre, Mercedes-Benz beherrscht den Grand-Prix-Sport nach Belieben. Die Auto Union, ein Zusammenschluss der Hersteller Audi, DKW, Horch und Wanderer, drängt in den prestigeträchtigen und deshalb von den Nazis erheblich geförderten Sport. Seit 1932 gilt für die Grand-Prix-Rennwagen die 750-Kilogramm-Regel: Dieses Höchstgewicht soll immer größere und stärkere Einsitzer verhindern. Ideal für Ferdinand Porsche und sein Credo »kleiner + leichter = schneller«.

Gemeinsam mit dem Rennfahrer Hans Stuck – einem Superstar dieser Zeit – und der Auto Union gelingt es, Geld für die Entwicklung eines Auto-Union-Rennwagens lockerzumachen. Am 17. März 1933 geht der Auftrag an Porsche, im Frühsommer wird der erste Typ 22 Auto Union P (für Porsche) in der Rennabteilung der Auto Union in Zwickau gebaut. Ein Sechzehnzylinder-V-Motor mit 4,4-Liter-Hubraum und Roots-Kompressor leistet 295 PS, die über ein Fünfganggetriebe an die Hinterachse gehen. Der Motor liegt – anders als bei der Konkurrenz – vor der Hinterachse, was eine gute Gewichtsbalance und hohe Kurvengeschwindigkeiten ermöglicht.

Hans Stuck beherrscht mit dem P-Wagen die Rennsaison 1934, stellt drei Weltrekorde auf und wird Deutscher Bergmeister. Ein Jahr später tragen Stuck und der ins Team gekommene Bernd Rosemeyer ihren erbitterten Prestigekampf auf dem Wagen aus. 1936 wird Rosemeyer mit der Porsche-Konstruktion Europameister, damals der höchste Titel im Grand-Prix-Sport. Ein Jahr später siegt Mercedes auf den Rennstrecken, aber Rosemeyer erreicht mit dem Auto-Union-Rennwagen und einer von Porsche entwickelten Aerodynamik als erster Mensch über 400 km/h. Genau 406,3 km/h sind es auf der Frankfurter Autobahn. Bis zum Dezember 1937 bleibt Ferdinand Porsche federführend bei der Entwicklung des Rennwagens, dessen Mittelmotorkonzept seither aus dem Motorsport nicht wegzudenken ist.

___ Der Typ 22 erhielt für Rekordfahrten 1937 eine Kanzel, die Autobahn wurde gesperrt. Mit dem Rücken zur Kamera erwartet Ferdinand Porsche sein Auto.

FRÜHWERK

___ Superstars ihrer Zeit:
Hans Stuck im weißen
Rennanzug, dahinter
Ferdinand Porsche am
Auto-Union-GP-
Rennwagen 1933 in Brno
im heutigen Tschechien.

Der Patriarch Ferry Porsche steht 1968 vor einem seiner Rennwagen. Rechts die Söhne F. A. (vorn) und Hans-Peter, links sein Neffe Ferdinand Piëch.

SCHLÜSSELFIGUREN

SCHLÜSSELFIGUREN

5_ Ferdinand Porsche

Der Beginn der Legende

Ferdinand Porsche, geboren am 3. September 1875 in Maffersdorf, Böhmen (heute Vratislavice, Tschechien), und gestorben am 30. Januar 1951 in Stuttgart, steht am Anfang der Legende Porsche. Klempner hätte er werden sollen, war aber fasziniert von der neuen Kraft Elektrizität, surrte mit dem selbst konstruierten Elektrofahrrad zur Abendschule und machte fortan als genialer Autodidakt immer alles anders. Radnabenantrieb statt komplizierter Kraftübertragung für sein Elektromobil von 1900, dann Hybridantrieb, dann leichte, kleine Rennwagen wie sein »Sascha« statt Hubraumriesen; die Mercedes S-, SS- und SSK-Sportwagen. Wo immer Porsche arbeitete, bestieg er die Karriereleiter im Renntempo: Austro-Daimler, Daimler Motoren Gesellschaft, Steyr. Meistens endete die Beschäftigung im Krach: Seine Konstruktionen erschienen manchen als zu aufwendig, sein Temperament war feurig.

1931 war er es satt, für andere Chefs zu denken. In der Stuttgarter Kronenstraße gründete er sein eigenes Konstruktionsbüro mit einem Team brillanter Ingenieure wie Erwin Komenda, Karl Rabe und Franz Xaver Reimspieß. Aus der Kronenstraße kam der Mittelmotor, die Ringsynchronisierung, die Drehstabfeder ... eine endlose Innovationsliste. Der Auto Union »Silberpfeil« wurde dort gezeichnet und Kompaktwagen für NSU und Zündapp: kugelig, Heckmotor, einer davon ein Boxer. 1934 dann der Auftrag, den »Volkswagen« zu konstruieren. 1935 liefen die ersten Prototypen im Versuch. Dann kam der Krieg, und Porsche zeichnete Kübelwagen und Panzer.

Nach Kriegsende verbrachte er 22 Monate in französischer Haft, erkrankte schwer, kam im August 1947 frei, wurde 1948 vor Gericht rehabilitiert und erlebte den Beginn der Erfolgsstory seines Volkswagens »Käfer«. Im selben Jahr stellte sein Sohn Ferry den ersten Porsche 356 auf die Räder. Klein, leicht, sportlich: ganz im Stil des Vaters Ferdinand.

___ Ferdinand Porsche 1934 in einer typischen Pose: Mit den Stoppuhren in der Hand kontrolliert er die Zeiten seiner Rennfahrer.

SCHLÜSSELFIGUREN

6__ Ferdinand »Ferry« Porsche

»Am Anfang sah ich mich um ...«

Ferdinand Anton Ernst »Ferry« Porsche machte aus dem Konstruktionsbüro seines berühmten Vaters einen weltberühmten Sportwagenhersteller. Fangen wir aber am Anfang an.

Aloisia Porsche schenkte Ferry am 19. September 1909 in Wiener Neustadt das Leben, während der Vater ein Autorennen fuhr. Wie dieser, eilte der einzige Sohn im Renntempo durch die Ausbildung. Nach der Mittleren Reife ein Jahr Praktikum bei Bosch, ein Jahr bei Steyr, dann ging es ans Zeichenbrett. Ab 1931 im Betrieb des Vaters, wo den beiden 1934 der große Coup gelang: der Auftrag zur Konstruktion des Volkswagens.

Dass der ebenso mächtige wie eifersüchtige Reichsverband der Automobilindustrie Porsches handgebaute Käfer-Prototypen nach knallharten Tests positiv bewertete, spricht erstens für die Qualität der Konstruktion und zweitens für Ferrys exzellente diplomatische Fähigkeiten, denn der Verband fürchtete Konkurrenz für die eigenen Autos. Nach Kriegsende verhandelte Ferry mit Volkswagen jenen Vertrag, der die Zukunft von Porsche finanziell sicherte. Und dann: »Am Anfang sah ich mich um, konnte aber den Wagen, von dem ich träumte, nicht finden: einen kleinen, leichten Sportwagen, der die Energie effizient nutzt. Also beschloss ich, ihn mir selbst zu bauen.« Der 356/1 von 1948 ist der erste Sportwagen mit dem Namen Porsche. 500 Stück, schätzte Ferry, könnte man pro Jahr verkaufen. Bis 1965 wurden es über 78.000. Mitte der 60er Jahre stellte er die nächste Weiche und setzte in der Firma einen Sportwagenentwurf seines ältesten Sohns Ferdinand Alexander durch: den 911.

1972 beschloss Ferry Porsche mit der Familie, das operative Geschäft künftig Managern zu überlassen, die Porsche AG entstand. Als Chef des Aufsichtsrats schaute er den Vorständen bis 1990 auf die Finger. Leise und diplomatisch, wie er immer war. Ferry Porsche starb am 27. März 1998 in Zell am See.

___ Ferry Porsche 1961 in Le Mans, als man zum Rennen noch Schlips und Hut trug. Ferdinand Porsches Sohn gilt als der Vater des 356 – und der Sportwagenmarke Porsche.

SCHLÜSSELFIGUREN

7__ Louise Piëch

Lenkte Porsche durch Krisenzeiten

Ferry Porsche schenkte seiner Schwester Louise Piëch zum 70. Geburtstag im Jahr 1974 den ersten 911 Turbo. So kam zusammen, was zusammengehört. Der Turbo symbolisiert Kraft, Vorwärtsdrang, und manche fanden diesen Porsche furchterregend. Womit einige Charakteristika von Ferdinand Porsches einziger Tochter umschrieben wären.

Sie studierte Malerei und blieb den Künsten zeitlebens verbunden. 1928 heiratete Louise Porsche den Rechtsanwalt Anton Piëch, mit dem sie vier Kinder hatte. In der Kriegs- und Nachkriegszeit erwies sich Louise Piëch dann als exzellente Unternehmenslenkerin. Noch bevor das Konstruktionsbüro 1944 nach Kärnten umzog, brachte Piëch Zeichnungen und Ausrüstung nach Österreich. Als nach Kriegsende ihr Vater, ihr Bruder und ihr Mann interniert waren, leitete sie Gmünd gemeinsam mit dem Oberingenieur Karl Rabe. Im November 1946 kam Ferry aus der französischen Haft frei, einen Monat später gelang der Abschluss eines Großauftrags. Das Honorar reichte für die Kaution von einer Million Francs, die Ferdinand Porsche und Anton Piëch aus der Haft befreite. Louises nächster Schachzug gelang am 1. April 1947: Weil die Besatzungsmächte deutsches Unternehmenseigentum beschlagnahmten, gründete sie mit ihrem Bruder die österreichische »Porsche Konstruktionen GmbH« in Gmünd, wo unter ihrer und Ferrys Geschäftsführung die ersten Porsche-Sportwagen gebaut wurden. Ab 1949 importierten Louise und Anton Piëch mit ihrer »Porsche Salzburg GmbH« exklusiv Volkswagen nach Österreich. Nach dem Tod ihres Gatten führte sie das Unternehmen weiter, das sich im Besitz der Familien Porsche und Piëch zum größten europäischen Autohändler entwickelte und bald auch in Asien erfolgreich operierte.

Die wichtigste Frau der Porsche-Geschichte starb 1999 in Zell am See. Einer ihrer Söhne bestimmte die Geschicke des Sportwagenbauers bis in das 21. Jahrhundert mit: Ferdinand Piëch.

___ Louise Piëch war entscheidend am Überleben des Unternehmens Porsche in der Nachkriegszeit beteiligt und eine der bedeutendsten Unternehmerpersönlichkeiten Europas.

SCHLÜSSELFIGUREN

8__ Ferdinand Alexander »F. A.« Porsche
Der Designer des 911

»Porsche Design« – jeder Flugreisende kennt die Airport-Shops der von Ferdinand Alexander Porsche 1972 gegründeten Design-Edelschmiede. Porsche Design steht heute allerdings nicht nur für edle Accessoires, sondern auch für wegweisendes Industriedesign. Die Richtung gab »F. A.« in etlichen Interviews vor: Anfang und der Kern der Formgebung ist die Funktion. Keine verspielten Nuancen. Beschränkung auf das vernünftig Machbare. Höchste Qualität ist selbstverständlich.

Ferry Porsches ältester Sohn, am 11. Dezember 1935 geboren und in der Familie auch »Butzi« gerufen, erlebte seinen ersten Arbeitstag in der Firma des Vaters Ende 1957. Da war er nach einem Semester soeben von der Hochschule für Gestaltung in Ulm geflogen. »… Ich nehme an, dass ich mich im Spannungsfeld zwischen den führenden Kapazitäten nicht genügend diplomatisch verhalten habe«, sagte er 1998 dem Magazin »Christophorus«. F. A. zeichnete Formel-Einsitzer und den berühmten »Dreikantschaber«: einen Rennwagen mit einem hinter dem Fahrer wie abgehackten Kabinendach. Die Diskussion um einen Nachfolger des 356 lief auf voller Drehzahl, und auch hier legte F. A. Hand an. 1961 präsentierte er seinen »T8«, dessen Design sich gegen die Entwürfe etwa eines Grafen Goertz (BMW 507) und eines Erwin Komenda durchsetzte. Goertz war ein Design-Star, Komenda ein bedeutender Mann bei Porsche, der seit 1931 die Karosserieabteilung leitete. F. A.: »Ich wollte ein total neutrales Auto schaffen, ohne jeden Schnickschnack. Ein modernes Auto, kein modisches.« Im Mai 1962 erhielt F. A. Porsches erfolgreicher Entwurf die Typnummer 901, und die Erfolgsgeschichte begann. Ein Jahr später gelang F. A. mit dem 904 Carrera GTS ein weiteres klassisches Sportwagendesign.

1990 übernahm er den Vorsitz des Aufsichtsrats der Porsche AG, wurde später zum Ehrenvorsitzenden ernannt. F. A. Porsche starb am 5. April 2012.

___ Geschafft! Der neue 901 steht auf den Rädern, Designer F. A. Porsche (r.) posiert 1964 mit dem Sportwagen, der dann zum Inbegriff von Porsche wird.

SCHLÜSSELFIGUREN

9__ Wolfgang Porsche

Mächtig, aber kein Machtmensch

Er ist der Mann, der so heißt wie die Autos und das Unternehmen: Porsche. Dr. Wolfgang Porsche. Passionierter Jäger, Landwirt auf dem Familienstammsitz Schüttgut bei Zell am See, Waldorfschüler, Schöngeist, Kunstsammler, Kaufmann mit Benzin im Blut, Botschafter des automobilen »Made in Germany«. Aufsichtsratsvorsitzender der Porsche AG und Porsche Automobil Holding SE, Aufsichtsratsmitglied der Volkswagen AG und Audi AG.

Ein Mensch mit sehr viel Macht. Und doch kein Machtmensch. Viele sagen, er sei der ruhende Pol des Porsche-Piëch-Clans – der einflussreichsten Automobildynastie Europas. Einer, nach dem sich auf den Motorshows in Genf, Detroit oder Frankfurt Manager und Medienmenschen respektvoll umdrehen. Wolfgang Porsche, das Gesicht eines Imperiums. Einer, dem Porsche-Fans rund um den Globus mit Hochachtung und Selfie-Wünschen begegnen, wenn er bei Motorsport- und Klassikevents wie der Mille Miglia auftaucht.

Er – der jüngste von vier Söhnen – gilt als Gralshüter dessen, was Vater Ferry und Großvater Ferdinand als Automobilpioniere aufbauten: die erfolgreichste Sportwagenmarke der Welt. WoPo, wie er im Unternehmen genannt wird, setzt alles daran, dieses Erbe zu erhalten. Seit dem Tod von Ferry Porsche ist er der Sprecher seiner Familie. Ein reicher Unternehmer, dem auch der einfache Mann vertraut. In einer seiner dunkelsten Stunden, es war der 23. Juli 2009, als in der Übernahmeschlacht um Volkswagen die Karten neu gemischt wurden und der Porsche-Vorstandsvorsitzende Dr. Wendelin Wiedeking von Bord gehen musste, rief der 1943 geborene Porsche-Enkel, -Sohn und -Vater seinen Mitarbeitern zu: »Machen Sie sich keine Sorgen um Ihre Arbeitsplätze, wir sehen einer guten Zukunft entgegen. Und verlassen Sie sich auf mich: Der Mythos Porsche lebt und wird nie untergehen.« Er behielt recht – Porsche ist heute stärker als je zuvor.

___ Das freundliche Gesicht eines Automobilimperiums: Ferry Porsches Sohn Wolfgang Porsche gilt vielen als der ruhende Pol des Porsche-Piëch-Clans.

SCHLÜSSELFIGUREN

10__ Ferdinand Piëch

Visionär mit Durchschlagskraft

Ferdinand Karl Piëch: Ferdinand Porsches Enkel, 1937 in Wien als Sohn von Louise (geborene Porsche) und Anton Piëch zur Welt gekommen. Internatsschüler, dann Maschinenbaustudent, Diplomarbeit über Formel-1-Motoren. Tritt 1963 bei Porsche in die Versuchsabteilung ein. Zeigt erhebliches Können und erhebliche Ellbogen. Ist bereits 1965 Entwicklungschef der Firma, die er im Motorsport vom Klassensieger zum Champion macht.

Er tut das radikal: Die Rennwagen liegen immer hart am erlaubten Minimalgewicht. Sie sind windschlüpfig und schnell. So schnell und tückisch, dass selbst hartgesottene Piloten zunächst dankend ablehnen. Für das Werksteam verpflichtet Piëch die besten Fahrer. Er rüstet mehrere Teams mit seinem Superrennwagen 917 aus. Motto: Konkurrenz verbessert Rundenzeiten. 1969 ist Porsche Weltmeister, 1970 und 1971 erneut. Beobachter mutmaßen bereits, der energische Visionär habe den Chefsessel in Zuffenhausen im Visier, als sich die Eignerfamilien Porsche und Piëch aus dem Tagesgeschäft zurückziehen.

Piëch geht zu Audi, dann zu Volkswagen. Beide Unternehmen krempelt er um. Zu seinem Erbe gehören Quattro und Alu-Leichtbau, TDI, Ein-Liter-Wagen und 1.000-PS-Bugatti. Unter Vorstandschef Piëch ist Volkswagen bald auf dem Weg, der größte Autohersteller der Welt zu werden. Dann versucht Porsche, das Ruder in Wolfsburg zu übernehmen. Piëch mag das auch als Angriff auf seine Position verstanden haben und schlägt zurück. Sein Arm reicht weit hinein in die obersten Etagen von Zuffenhausen: Porsche-Chef Wiedeking muss gehen. Mit wohligem Gruseln wird seither kolportiert, Piëch könnte mit vor Reportern hingeworfenen Halbsätzen Topmanager stürzen.

Bis heute teilen die Familien Porsche und Piëch die Macht bei Porsche. Ferdinand Piëch wird mit Argusaugen das Geschehen beobachten, obwohl er 2015 offiziell die Bürde aller Ämter ablegte.

___ Boxenstopp für den gewaltigen Porsche 917 beim 24-Stunden-Rennen in Le Mans 1969. Ferdinand Piëch (r.) hat den künftigen Seriensieger entwickeln lassen.

SCHLÜSSELFIGUREN

11_ Helmuth Bott

Vorstand mit Herz

Der Name Helmuth Bott löst unter Porsche-Genießern eine Kette köstlicher Assoziationen aus. 1925 in Schwaben geboren und 1952 bei Porsche als Betriebsassistent eingestellt, leitete Bott die Versuchsabteilung, als der 911 das Laufen lernte. Unter seiner Ägide als Entwicklungsvorstand von 1978 bis 1988 entstanden der erste allradgetriebene 911 und der Supersportwagen 959.

Kenner der Firma verbinden mit dem Selfmademann, der von 1945 bis 1947 eine Schlosserlehre machte und sein Maschinenbaustudium nach dem Vordiplom wegen Geldmangels abbrach, eine unbegrenzte Schaffenskraft. Bott entwickelte wegweisende Testverfahren, standardisierte Fahrversuche, organisierte und plante das Entwicklungszentrum Weissach, initiierte systematische Crashtests und brachte die Entwicklung des Kats voran. Den Rennsport förderte Bott mit Riesenerfolg, als Stichworte sollen »Le Mans«, »TAG Turbo« und »Paris–Dakar« genügen. Seine Mitarbeiter erinnern sich an ihren Chef als den »Vater Bott«, der ein offenes Wort schätzte, der im Gespräch manchen Konflikt glättete, der Talente entdeckte und förderte, der mit der Mannschaft bei Testfahrten abends Karten spielte, alle ins Kino oder in die Seemannskneipe schleppte. Der mit Leidenschaft Eiscreme genoss und sich über verschwendete Zeit ärgerte, wenn er an der Tankstelle drei Minuten warten musste. So kompromisslos Bott darauf bestand, bei Tests in der Sahara oder im vereisten Kanada das Tagespensum von 1.000 Kilometern zu schaffen – auch ohne Klimaanlage oder Heizung im Auto –, so sehr erfreute er sich an einem Halbtagsausflug seiner Versuchsleute auf den Tafelberg bei Kapstadt, wenn man mit einem geheimen Testwagen eh in der Nähe war.

1985 erhielt Bott das Bundesverdienstkreuz und wurde zum Honorarprofessor berufen, 1987 folgte ein Ehrendoktortitel. Ein Jahr später ging Helmuth Bott in den Ruhestand, er starb 1994.

___ Helmuth Bott (2. v. r.): bei Porsche vom Schlosser zum Entwicklungsvorstand, der bei seinen Mitarbeitern höchsten Respekt genoss und als »Vater Bott« beliebt war.

SCHLÜSSELFIGUREN

12_ Ernst Fuhrmann

Erster Vorstandschef und Turbo-Promoter

Ernst Fuhrmann war ein Porscheaner der frühen Jahre. 1918 in Wien geboren und an der Technischen Hochschule ausgebildet, trat er 1947 dem Konstruktionsbüro in Gmünd bei und blieb auch in Zuffenhausen bei Porsche. Bis 1956 gehörte er zu dem kleinen Team, das den 356 kultivierte. 1950 reichte Fuhrmann seine Doktorarbeit »Nockentrieb zur Steuerung schnelllaufender Verbrennungsmaschinen« bei der TH Wien ein und konstruierte als Dr. Fuhrmann seinen berühmten Viernockenwellen-Rennmotor, der als »Fuhrmann-«, »Carrera-« oder »Schubladen-Motor« bekannt ist. Letzteres, weil während der Konstruktion des geheimen Triebwerks die Teile blitzartig in der Schublade verschwanden, wenn Besuch kam.

1956 verließ Fuhrmann Porsche, kam aber im September 1971 zurück. Die Eignerfamilien Porsche und Piëch wandelten ihr Unternehmen in eine Aktiengesellschaft um. Der alte Weggefährte Fuhrmann wurde zum ersten Vorstandssprecher und ab November 1976 zum ersten Porsche-Vorstandschef. Ein glänzender Ingenieur, vorausdenkender Manager, Techniker durch und durch, der oft in den Versuchs- und Konstruktionsbüros auftauchte, der Porsche mit seinem Finanzvorstand Branitzki souverän durch die »Energiekrise« der frühen 70er Jahre brachte. Und der den Coup landete, mitten in dieser Krisenzeit den 911 Turbo als teuersten und stärksten Sportwagen der Porsche-Geschichte auf den Weg zu bringen.

Energisch war er als Chef, konnte bei – auch versehentlichen – Anspielungen auf seine napoleonische Körpergröße gereizt reagieren. Und weinte schon mal eine Freudenträne, wenn Porsche in Le Mans gewann. Fuhrmann war überzeugt, dass die Zukunft in den Transaxle-Sportwagen vom Schlage eines 924 oder 928 lag. Anfangs teilten die Eignerfamilien seine Meinung, wandten sich dann aber von der Linie ab. So trennten sich die Wege des ersten Vorstandschefs und der Familien. Ende 1980 ging Fuhrmann in den Ruhestand.

___ Ernst Fuhrmann (r.) konstruierte den Carrera-Motor und war Porsches erster Vorstandschef. Das Foto mit dem Rennfahrer Herbert Müller entstand 1973 in Le Mans.

SCHLÜSSELFIGUREN

13_ Horst Marchart

Stiller Steuermann reißt das Ruder rum

Es waren dramatische Zeiten, als Horst Marchart im Oktober 1991 die Berufung zum Forschungs- und Entwicklungsvorstand annahm. Der Dollar dümpelte im Keller, das lebenswichtige Amerikageschäft war implodiert. Die Produktion von drei völlig unterschiedlichen Modellreihen verschlang Unsummen, wobei die Transaxle-Sportwagen 928 und 944/968 an Publikumsgunst verloren hatten. Zugleich explodierten die Entwicklungskosten für das Viersitzer-Projekt Typ 989, bis Porsche die Notbremse zog. Marcharts Vorgänger Ulrich Bez verließ die Firma, der Vorstandsvorsitzende Arno Bohn folgte.

Marchart nahm Platz im Schleudersitz. Aber der gebürtige Wiener, diplomierter Fahrzeug- und Motorenbauer, bereits seit 30 Jahren bei Porsche und zuletzt Hauptabteilungsleiter für Gesamtfahrzeug-Eigenentwicklung, agierte an der Schlüsselstelle zur Zukunft mit Weitsicht, Ruhe und der Fähigkeit, Konsens zu erzielen. Gemeinsam mit Wendelin Wiedeking als neuem Vorstandschef und dem Designchef Harm Lagaaij riss Marchart das Porsche-Ruder rum. Marchart stieß im Herbst 1991 die Entwicklung eines Mittelmotor-Roadsters – des späteren Boxster – und eines neuen 911 an. Beide mit wassergekühlten Motoren und gut zur Hälfte aus Gleichteilen gebaut – eine Riesenzäsur in der Geschichte von Porsche. Der Boxster erwies sich schnell als Erfolg, die Gleichteilestrategie sparte in der Produktion enorme Summen. Wobei der Entwicklungschef Marchart nicht um jeden Preis sparte. Als es um die Motorisierung des Boxster ging, bestand er angesichts der Erfahrungen mit den Vierzylinder-Porsche auch gegen interne Widerstände auf einem Sechszylinder-Boxer.

Bevor Marchart sich mit 62 Jahren im März 2001 in den Ruhestand begab, brachte er den Supersportler Carrera GT und den Cayenne auf den Weg. Und das alles, ohne je in den Schlagzeilen aufzutauchen. Eine Porsche-Geschichte, die man kennen sollte.

___ Horst Marchart (r.) half Porsche mit Umsicht durch entscheidende Zeiten. Hier hört der Entwicklungschef seinem Renningenieur Norbert Singer zu.

SCHLÜSSELFIGUREN

14__ Anatole Carl Lapine

G-Serie 911, Bestseller und Raumgleiter

Am 15. April 1969 zog Anatole Carl Lapine kurz vor seinem 39. Geburtstag in das Chefbüro von Porsche Style ein. Der gebürtige Lette trat ein großes Erbe an. Sein Vorgänger war F. A. Porsche, der Schöpfer des 911-Designs.

Aus Lapines Feder stammt die zweite Elfer-Generation, die »G-Serie«. Er schaffte den Spagat, US-Sicherheitsgesetze mit Gummipuffern an den Stoßstangen zu befolgen und dabei einen tollen 911 zu zeichnen. Ein großer Wurf, der von 1973 bis 1989 aktuell blieb, so lange wie kein anderer Elfer. Auch das Design der Transaxle-Sportwagen – jener Porsche mit den Motoren vorn und dem Getriebe vor der Hinterachse – entstand unter Lapines Leitung. Der 924 als Einstiegs-Porsche war so umstritten wie erfolgreich. Der große 928 eilte dem Geschmack seiner Zeit voraus. Nur die Freunde eines avantgardistischen Auftritts und zukunftsträchtiger Technik verliebten sich in diesen GT, der wie ein Raumgleiter daherkam. Heute ist der 928 Kult.

Lapine, der in seinen Fünfzigern so aussah, wie vielleicht di Caprio später einmal aussehen wird, war Nonkonformist mit jeder Faser. In seinem Büro stand ein britischer Lotus-Rennsportwagen, was Vorstandschef Fuhrmann schicksalsergeben hinnahm: »Diese Style-Leute sind Künstler, denen muss man das durchgehen lassen.« Schon als Porsche-Novize hatte Lapine mit dem »Hippie-Car« und der »Sau« Aufsehen erregt.

Bis 1988 blieb Lapine oberster Porsche-Stylist, der vor seiner Zeit mit den Schwaben Jahre in den USA verbracht hatte. Als gelernter Autoschlosser und Absolvent der Wagenbauschule fing Lapine 1951 bei General Motors an, gehörte zum Team des geheimnisumwitterten »Studio X«, wo unter anderem die Corvette SS (1957) und der XP-87 Stingray entstanden. Später entwickelte Lapine Rennwagendesigns, wurde von GM als Designchef zu Opel geschickt, wo er trotz Rennverbot aus Amerika seine »Schwarze Witwe« entwickelte. Aber das ist eine andere Geschichte.

___ Anatole Lapine (2. v. l.) fungierte von 1969 bis 1988 als Chef von Porsche Style und damit als oberster Designer. Die Aufnahme entstand circa 1973 in Weissach.

SCHLÜSSELFIGUREN

15_ Harm Lagaaij

Wer neue Wagen wagt, gewinnt

Porsche-Stylisten haben einen harten Job. Die Silhouette des 911 ist unantastbar, muss aber nun im sechsten Jahrzehnt auf der Höhe der Zeit gehalten, besser noch: der Zeit voraus sein. Besonders knifflig aber war der Job, den Harm Lagaaij, seit 1989 Chef von Porsche Style, in den frühen neunziger Jahren zu tun hatte. Denn Porsche brauchte nichts anderes als einen Neuanfang neben dem Elfer. Die Transaxle-Modelle beschleunigten den Herzschlag der Fangemeinde nicht mehr. Dazu die Dollarflaute, die Wirtschaftskrise. Nüchtern betrachtet, ging es ums Überleben.

Lagaaij, gebürtiger Niederländer, in den siebziger Jahren bei Porsche, dann unter anderem bei BMW und 1989 nach Weissach zurückgekehrt, tat einen gewagten Schritt. Er tauchte ein in die Historie, nahm die Linien der 550 Spyder- und 718 RS60-Rennwagen aus den fünfziger und sechziger Jahren auf, zeichnete mit seinem Team eine atemberaubende Interpretation der klassischen Formen und Proportionen: einen neuen Mittelmotor-Porsche. Was er mit seinen Leuten schuf, ist umso bewundernswerter, als der Neue bis zur B-Säule dem nächsten Elfer entsprechen musste. So hatten es der Entwicklungsvorstand Horst Marchart und der neue Porsche-Chef Wendelin Wiedeking ausgetüftelt.

Porsche präsentierte den »Boxster« – eine Kombination der Worte »Boxer« (für den Motor) und Roadster (fürs genüssliche Offenfahren) – am 5. Januar 1993 auf der North American International Auto Show in Detroit. In den nächsten Wochen beherrschte dieses kleine silberne Schmuckstück, ausgeschlagen mit rotbraunem Anilinleder, die Autoseiten der Weltpresse. Begeisterung allenthalben, tiefes Durchatmen bei Lagaaij. Die Tür in die Zukunft war aufgestoßen. Lagaaij würde später das Mittelmotorcoupé Cayman, den Supersportwagen Carrera GT und den Cayenne stilistisch auf den Weg bringen, bevor er den Zeichenstift 2004 an Michael Mauer übergab.

___ Eine klassische Form modern erhalten: Designchef Harm Lagaaij (M.) mit seinen Kollegen Grant Larson (l.) und Matthias Kulla im Weissacher Studio an einem Modell des 911.

SCHLÜSSELFIGUREN

16_ Michael Mauer

Porsche Style im 21. Jahrhundert

Jeder aktuelle Porsche trägt Michael Mauers Handschrift. Seit 2004 entsteht das Design der Sportwagen unter seiner Federführung. Als Chef von Porsche Style führt er ein Team von rund 100 Designern, Modellbauern und CAD-Spezialisten, das aus unzähligen Wechselwirkungen zwischen Tradition und Zukunftsfähigkeit, Ästhetik, Technik und Wirtschaft eine typische Formensprache entwickelt.

Mauer brachte die siebte Generation des 911 auf den Weg und teilte dabei das Los seiner Vorgänger, aus klassischen Genen den Elfer für die nächsten Jahre zu züchten. Er stemmte die heikle Aufgabe, den viersitzigen Panamera als unverkennbaren Porsche zu zeichnen. Ein sehr großes Auto, das nichts an Sportwagenschärfe vermissen lassen durfte. Oder den Cayman: ein Zitat des herrlichen 550 – frei von staubiger Nostalgie und klar Porsche. Der Macan: eine fahrende Skulptur, bei aller Dynamik und Leichtfüßigkeit in sich ruhend. Der 918 Spyder, der Taycan ... Markenidentität gilt es zu bewahren. Auf den ersten Blick muss klar sein: Das ist ein Porsche. Dabei wirkt nichts so schädlich wie die Wiederholung des ewig Gleichen. Produktidentität will geschaffen werden: Dieser Wagen ist neu, ist unverwechselbar und ein Porsche, der sechs Jahrzehnte Sportwagengeschichte in sich trägt. Ob ein Sportwagendesign gelingt, hängt zuallererst von stimmigen Proportionen ab – ein Credo, das Mauer unermüdlich vertritt. Seine Linie überzeugt. Im Dezember 2015 übernahm er die Leitung des gesamten VW-Konzerndesigns.

Und das alles fing ganz harmlos an. 1962 in Hessen geboren und im Schwarzwald aufgewachsen, liebte Mauer schon immer zwei Dinge: Zeichnen und Autos. Na ja, drei: Sport war und ist eine große Leidenschaft. An der Hochschule Pforzheim studierte Mauer Transportation Design. Über viele Jahre bei Mercedes-Benz, daran anschließend bei Saab und Advanced Design für GM, führte sein Weg zu Porsche.

___ Michael Mauer, Designchef bei Porsche seit 2004, leitet seit 2015 das Design des ganzen Volkswagen-Konzerns: »Auf die Proportionen kommt es an.«

SCHLÜSSELFIGUREN

17__ Wendelin Wiedeking

Westfale mit eisernem Besen

Vom 1. August 1992 bis zum 23. Juli 2009 lenkte Dr.-Ing. Wendelin Wiedeking Porsche als Vorstandschef. Die Firma schrieb rote Zahlen, als der 40-jährige Westfale einstieg. Aber dann ging die Post ab: 1995 stand statt 450 Millionen Mark Verlust wie im Vorjahr eine schwarze Null unter der Bilanz.

Unkonventionell, kompromisslos, ohne Rücksicht auf Tabus oder Privilegien hatte Wiedeking die Produktion verschlankt, das Management und die Händlerschaft gestrafft. Seine ungeheure Ausdauer – beim Arbeiten, beim Feiern und beim Fegen mit dem eisernen Besen – war bald so legendär wie sein strategisches Gespür. Die Transaxle-Porsche verschwanden, der Boxster und der Cayenne kamen, das neue Werk in Leipzig lief auf vollen Touren. Porsche wuchs, schuf Arbeitsplätze und meldete jedes Jahr Rekordgewinne. In zehn Jahren bis August 2002 kletterte die Aktie um 1.739 Prozent. Wiedekings Einkünfte kletterten mit, denn er hatte anfangs auf ein nennenswertes Festgehalt verzichtet. Stammaktien wollten die Eignerfamilien Porsche und Piëch damals nicht hergeben, Wiedeking akzeptierte knapp 0,9 Prozent des Vorsteuergewinns als Einkommen.

2005 dann der Start eines Coups: Der (reiche) Zwerg Porsche will den Riesen VW übernehmen. Die uralte Verbindung der zwei Unternehmen wäre damit sicher. Mit dem Okay der Familien geht Wiedeking ran. Ende Oktober 2008 wird es offiziell, und schon ist von »Übernahmeschlacht« die Rede: Wiedeking gegen das Land Niedersachsen als Aktionär mit Sperrminorität, gegen die Arbeitnehmervertreter bei VW, gegen den VW-Aufsichtsratschef Ferdinand Piëch, dem er anscheinend zu mächtig wird. Schließlich gegen die einsetzende Wirtschaftskrise. Das ist zu viel, die gewagte Finanzierung bricht zusammen. VW dreht den Spieß um, Porsche wird zur Konzernmarke. Wiedeking muss gehen. Der Abschied schmerzt, aber es ist ein wunderbares Trostpflaster, dass nun alle viel reicher sind als 1992.

___ Als dieses Gemälde 2002 entstand, war Wendelin Wiedeking seit zehn Jahren Porsche-Chef, und die Aktie war über 1.700 Prozent gestiegen.

— So begann die Neuzeit bei Porsche: ein 901 Coupé auf einem Werbefoto aus dem Jahr 1964. Das Holzlenkrad weist auf ein ganz frühes Exemplar hin.

MEILENSTEINE

MEILENSTEINE

18_ Mit der »Type 7« geht es los
Die Firma Porsche wird geboren

Ab 1930 versammelte Ferdinand Porsche in Stuttgart ein Team von Spitzeningenieuren um sich, zu dem Männer wie der spätere Oberingenieur Karl Rabe, der Motorenspezialist Franz-Xaver Reimspieß oder der Karosseriefachmann Erwin Komenda gehörten. Am 25. April 1931 wurde die »Dr. Ing. h.c. Ferdinand Porsche GmbH, Konstruktionsbüro für Motoren-, Fahrzeug-, Luft- und Wasserfahrzeugbau« mit Sitz in der Kronenstraße 24 in das Handelsregister eingetragen – Porsches erstes eigenes Unternehmen.

Die zur Auto Union gehörenden Wanderer-Werke in Chemnitz beauftragten die GmbH mit der Entwicklung eines »1,5-Liter-Motors mit Fahrgestell«. In der Kronenstraße herrschte jetzt Feierstimmung, denn nach sechs Konstruktionen war diese siebte – die Type 7 – die erste verkaufte des jungen Büros. Die GmbH entwickelte noch 1931 den Wanderer W 21, der von einem neu entwickelten Leichtmetallmotor mit sechs Zylindern in Reihe, 1,7 Liter Hubraum und 35 PS angetrieben wurde. Das Chassis bestand aus einem Flachrahmen, Bleche auf einem Holzgestell bildeten die viertürige Karosserie, deren Design sofort Begeisterung auslöste. Wanderer übernahm etliche formale Elemente des Porsche-Entwurfs auch für andere Modelle. Unter dem Blech befanden sich zahlreiche Porsche-Patente. Am 10. August hatte das Büro die Drehstabfederung patentieren lassen – eine ebenso geniale wie raumsparende Lösung, die sogar noch im 911 zu finden sein würde. Auch die kompakte Spindellenkung oder ein auf Wunsch lieferbares Trilok-Automatikgetriebe zeichneten den damals enorm fortschrittlichen Wagen aus.

Die Aufträge an das Konstruktionsbüro kamen jetzt laufend herein. Im September begann bereits die Arbeit an einem kompakten Heckmotorwagen für Zündapp, dessen Form irgendwie an ein Krabbeltier erinnerte. Allerdings blieb dieser Wagen ein Prototyp, weil Zündapp die Entscheidung fällte, sich ganz auf die Herstellung von Motorrädern zu konzentrieren.

__ Das Design der »Type 7« löste 1931 Begeisterung aus, der Wagen war vollgestopft mit technischen Novitäten wie Drehstabfeder, Spindellenkung und Trilok-Automatikgetriebe.

MEILENSTEINE

19__ Käfer und Porsche

Ein Konzept, zwei Legenden

Ohne Porsche kein Käfer. Ohne Käfer keine Porsche-Sportwagen. Die Geschichte begann so: Es war das Jahr 1933, ein Auto für alle sollte her, ein Volkswagen. 990 Reichsmark sollte er kosten und pro Jahr 1,5 Millionen Mal gebaut werden. Der Reichsverband der Automobilindustrie (RDA) als Zusammenschluss der Hersteller fand beides unmöglich und war von dem Projekt nicht begeistert, denn hier drohte Konkurrenz für die eigenen Kleinwagen. Ferdinand Porsche aber stellte keine Automobile her, genoss Weltruhm als Konstrukteur und war seit Langem von der Idee eines kompakten, preisgünstigen Wagens angetan.

Porsche präsentierte am 17. Januar 1934 sein »Exposé betreffend den Bau eines deutschen Volkswagens«: Kugelform, Boxermotor im Heck, Heckantrieb, Drehstabfederung. Am 22. Juni 1934 ging der Riesenauftrag an sein Büro, den Volkswagen zu konstruieren. Ab 1936 liefen Testfahrten mit dem »Typ 60«, und Porsche begann, für die Produktion ein Autowerk von in Europa nie da gewesener Kapazität zu entwerfen. 1938 feierte der KdF-Wagen (»Kraft durch Freude«), wie das Auto jetzt hieß, Weltpremiere. Die New York Times nannte in einem Bericht vom 3. Juli das kleine Auto einen »beetle«, zu Deutsch: Käfer. 1939 riss Hitler die Welt in den Krieg. Statt Käfer baute das KdF-Werk bei Fallersleben unter der Leitung von Porsches Schwiegersohn Anton Piëch Kübelwagen und anderes Kriegsgerät.

Erst nach Kriegsende begann in Wolfsburg, wie die Stadt seit dem Sommer 1945 heißt, dann tatsächlich die Produktion des Käfer, der zum meistgebauten Auto der Welt wurde. Porsche einigte sich mit Volkswagen zunächst auf eine Lizenzgebühr für jedes Krabbeltier, was der jungen Sportwagenfirma enorm den Rücken stärkte. Ein paar hundert Kilometer weiter südlich entstanden in Gmünd unterdessen die ersten Porsche 356 mit luftgekühltem Boxermotor im Heck, Heckantrieb und Drehstabfedern – der Urahn lebte im Sportler weiter.

__ Ferdinand Porsche 1940 in Wien mit einem Käfer-Testwagen. Die Scheinwerfer sind wegen der Verdunkelungspflicht in Kriegszeiten abgedeckt.

MEILENSTEINE

20_ Porsche 356 Nummer 1
Der erste Prototyp

Wir erinnern uns: Im November 1944 ist das Konstruktionsbüro Porsche auf Geheiß von Reichsminister Speer wegen der Bombenangriffe auf Stuttgart nach Gmünd ins Kärntner Alpenvorland umgezogen. Hier entwirft Ferry Porsche nach Kriegsende, noch während sein Vater in französischer Haft sitzt, den revolutionären »Cisitalia« Formel-1-Monoposto – und den allerersten Porsche 356. Gemeinsam mit Ferry konzipieren sein Chefkonstrukteur Karl Rabe und Erwin Komenda als Leiter der Karosserieabteilung den Prototyp. Zeichnungen vom 17. Juli 1947 zeigen den »VW Zweisitzer Sportwagen«, die Nummern rechts auf den Blättern beginnen mit der legendären »356-001«.

Mit einem Gitterrohrrahmen aus Stahl, einem Mittelmotor und einer Aluminiumkarosserie verkörpert die Nummer 1 reinste Rennwagenphilosophie. Als Antriebsquelle dient ein Käfermotor mit 1.131 Kubik, den die Porsche-Leute dank neu gezeichneter Zylinderköpfe und Feintuning auf 35 PS bringen. Die Nummer 1 wiegt ganze 585 Kilogramm und läuft 135 Sachen – wenn man sich denn traut. Denn bei Lenkung, Fahrwerk und Getriebe handelt es sich um schlichte Volkswagen-Teile.

Am 8. Juni 1948 gibt die Landesbaudirektion Kärnten dem 356-001 ihren Segen per Einzelabnahme, am 1. Juli gewinnt Ferdinand Porsches Neffe Herbert Kaes auf dem Leichtgewicht seine Klasse beim Stadtrennen in Innsbruck. So weit, so toll – nur ist ein Mittelmotor-Sportwagen mit Gitterrohrrahmen für die Serienfertigung viel zu teuer. Wie lange ein solches aus dem Rennwagenbau stammendes Rohrgeflecht hält, weiß auch niemand. Einen Kofferraum sucht man in dem lupenreinen Sportwagen vergeblich, und das Faltverdeck darf in geschlossenem Zustand mit Fug und Recht als stilistische Faust aufs Auge bezeichnet werden. Aber für all das gibt es bereits eine Lösung: Ferry und seine Männer arbeiten mit Volldampf am 356/2.

___ So fing alles an: Der Porsche 356 Nummer 1 von 1948 blieb ein Unikat, markiert aber den Start der Erfolgsstory von Porsche als Sportwagenbauer.

MEILENSTEINE

21__ Porsche 356/2

Kleinserie der Kostbarkeiten

Für eine kleine Gemeinde hartgesottener Porsche-Fans kommen die einzig wahren Sportwagen nicht aus Stuttgart-Zuffenhausen (jüngst auch aus Leipzig, zwischenzeitlich mal aus Uusikaupunki), sondern aus Gmünd im österreichischen Bundesstaat Kärnten. Hier entstand nämlich seit dem Frühjahr 1948 der erste Porsche-Sportwagen in nennenswerter Stückzahl: der 356/2 »Aluminium« oder »Leichtmetall« oder »Gmünd«, je nach Gusto.

Nachdem Porsche 1944 wegen der Luftangriffe auf Stuttgart ins relativ sichere Nachbarland umgezogen war, konstruierten und bauten dort knapp 300 Mitarbeiter Seilwinden, Windräder, Traktoren, einen Formel-1-Wagen und den 356 Nr. 1 Prototyp. Am 1. April 1948 fiel die Entscheidung, eine Kleinserie von Sportwagen aufzulegen, die sich von dem Exoten mit der Nummer 1 allerdings unterschied. Statt des teuren und komplizierten Rohrrahmens bildete ein Blechkastenrahmen das Chassis. Der auf 40 PS getunte 1.131-Kubikzentimeter-Käfermotor lag nun hinter der Hinterachse. Damit war Platz für Notsitze oder Gepäck geschaffen. Mehr Komfort bedeutet mehr Gewicht. Der 356/2 brachte gut zwei Zentner mehr als der 356-001-Prototyp auf die Waage. Da es in Gmünd zwar etliche höchst fähige Konstrukteure, Mechaniker und Schlosser für den Bau der Chassis, aber nur drei Karosseriedengler gab, lieferten kleine Spezialbetriebe wie Kastenhofer, Keibl und Tatra in Wien oder Beutler in der Schweiz die handgemachten Aluminiumkarosserien.

Seine Premiere in der Öffentlichkeit feierte der erste in Serie gebaute Porsche auf dem Genfer Automobilsalon im Frühling 1949 – und erntete rauschenden Beifall. Rund fünf Sportwagen verließen die kleine Fabrik in Gmünd jeden Monat, nach acht 356/2-Cabriolets und 44 356/2-Limousinen endete die Produktion am 20. März 1950, während in Stuttgart-Zuffenhausen am 6. April bereits der erste Nachfolger aus der Werkshalle rollte.

___ Eine 356/2-»Limousine« in Gmünd, wo Porsche die erste Kleinserie von Sportwagen in Handarbeit fertigte. Der Appell auf der Tür blieb offenbar unbeachtet ...

MEILENSTEINE

—— Die selten gezeigte Heckansicht des ersten Serien-Porsche: ein 356/2 von 1948. Nur 44 dieser »Limousinen« entstanden in Gmünd.

MEILENSTEINE

22_ Der Carrera-Motor

Wie ein Rennpferd – kompliziert und schnell

Mit frisierten Käfermotoren konnte es ja nicht ewig weitergehen. 95 PS holte Porsche in den frühen fünfziger Jahren aus einem harmlosen 1,6-Liter-Stoßstangenboxer. Aber das war es dann auch. Ein eigener Motor musste her, typisch Porsche zuerst für den Renneinsatz. Dr. Ernst Fuhrmann hat 1950 an der TH Wien mit einer Arbeit über den »Nockentrieb schnell-laufender Verbrennungsmaschinen« promoviert. Jetzt ist der Doktor in Porschediensten und hat einen Motor entwickelt. Im April 1953 läuft der Typ 547 auf dem Prüfstand, im August erstmals beim Training zum Großen Preis von Deutschland im Auto.

Porsches erstes eigenes, in größerer Stückzahl gebautes Triebwerk ist ein luftgekühlter Vierzylinder-Boxer mit 1.498 Kubikzentimetern Hubraum und vier obenliegenden Nockenwellen, die von zwei Königswellen gesteuert werden. Das Kurbelgehäuse, die Zylinderköpfe und Kolben bestehen aus Leichtmetall, die Laufflächen sind hartverchromt. Doppelvergaser und Doppelzündung vervollkommnen das Hochleistungspaket, ein Trockensumpf sichert die Schmierung in langen Kurven. Der kleine Vierzylinder ist kompliziert, 120 Stunden dauert der Bau eines Motors. Aber er ist auch ein Kraftpaket: 110 PS gibt es bei 7.800 Touren, richtig fahrbar ist das Ding aber nur zwischen 5.000 und 7.000 Umdrehungen.

Schnell wird der »Fuhrmann-Motor« zum Siegesgaranten. Porsche baut den Boxer bald auch in besonders schnelle und teure 356 ein, der Motor und die Sportwagen heißen ab jetzt »Carrera«. Über ein Jahrzehnt bleibt der Boxer auf der Siegerstraße. Im Porsche 718 liegen um 1957 schon 150 PS an, Ende der fünfziger bis Mitte der sechziger Jahre in den Porsche RS60 und RS61 sind es – jetzt aus 1,6 Liter Hubraum – gut 160 PS. Die letzte Leistungsstufe stellt der Zwei-Liter-Typ 587 dar, der sagenhafte 180 PS mobilisiert und unter anderem den 904 GTS ab 1964 zu zahllosen Siegen treibt.

___ Der »Fuhrmann-Motor«, später »Carrera-Motor« getauft, machte auch diesen 550 Spyder von 1953 mit 110 PS aus 1,5 Liter Hubraum zur Rakete.

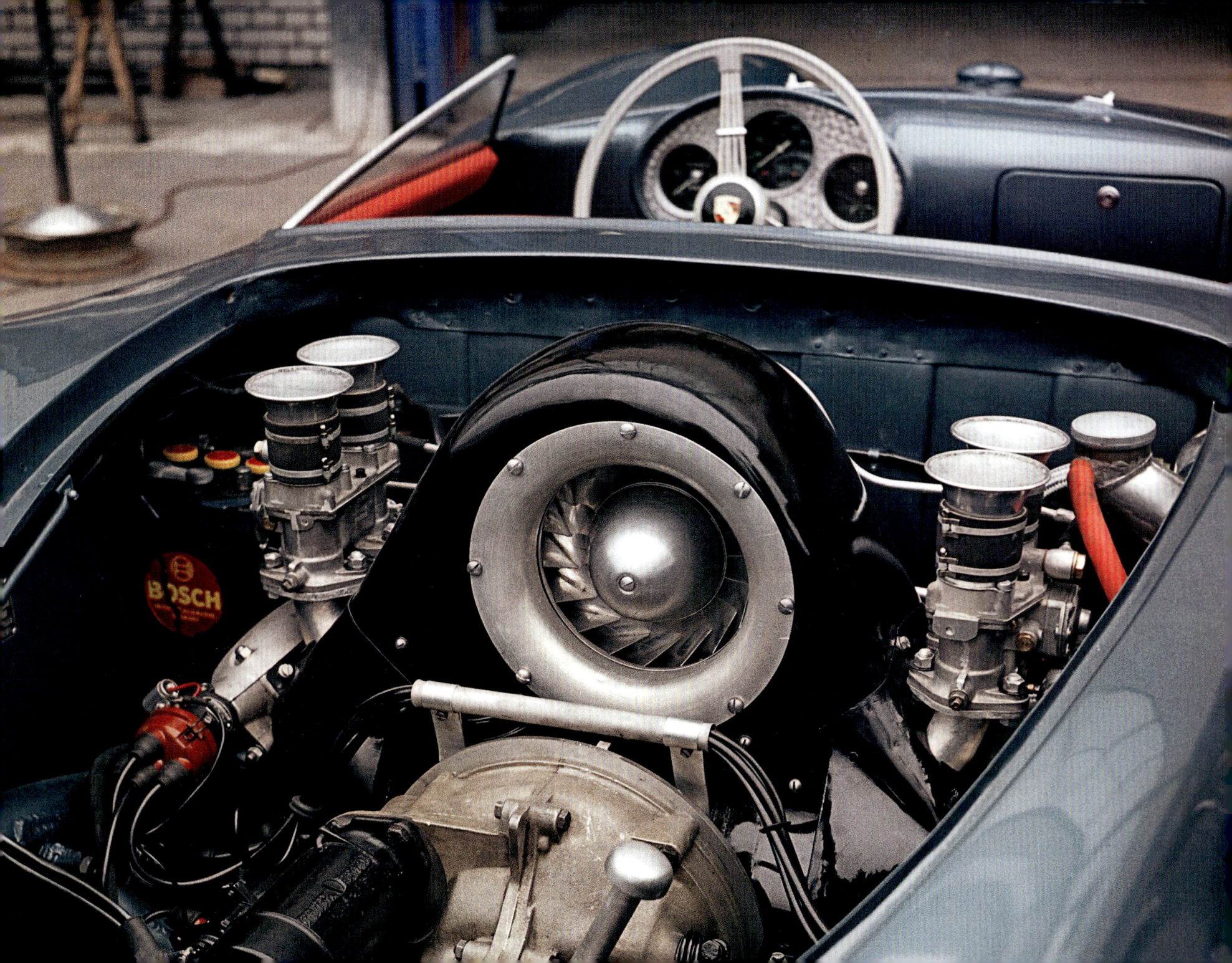

MEILENSTEINE

23_ Porsche 550 Spyder

Kutsche mit Mittelmotor

Wenn das kein Meilenstein ist! Der 550 Spyder ist 1953 Porsches erster in nennenswerter Stückzahl (90) gebauter Mittelmotor-Sportwagen – und der erste, der nach dem englischen Wort für leichte Kutschen, »Spyder«, benannt ist. Vor der Hinterachse liegt ein neu konstruierter Rennmotor, der bis in die frühen sechziger Jahre für Siege gut sein wird. Es ist der von Dr. Ernst Fuhrmann konstruierte Vierzylinder-Boxer mit vier von Königswellen angetriebenen Nockenwellen. Mit dem 550 Spyder fährt Hans Herrmann bei der Carrera Panamericana 1954 auf Platz drei. Eine Hammerleistung, weshalb der Motor fortan »Carrera-Motor« heißt.

Der 550 Spyder ist bei Hobbyrennfahrern unheimlich beliebt. Auch James Dean hat einen, mit dem es am 30. September 1955 zur tödlichen Katastrophe kommt. Ein anderes Auto rammt den Porsche, der Schauspieler ist auf der Stelle tot. 1956 kommt der neue 550A Spyder mit mehr Dampf, einem leichteren Gitterrohr- statt dem alten Flachrahmen und größeren Bremsen. Auch der 550A – 40 Stück werden gebaut – macht Geschichte: Der Italiener Umberto Maglioli fährt mit dem Leichtgewicht 1956 zum ersten Sieg für einen Porsche bei der weltberühmten Targa Florio.

Selbstredend gibt es neben Geschichte auch Geschichten. Zum Beispiel die des niederländischen Adeligen Carel Godin de Beaufort, der 1958 seinen 550A per Schiff nach New York bringen lässt, um beim 12-Stunden-Rennen in Sebring zu starten. Aber Sebring liegt unten in Florida, und der Edelmann hat die Zeit etwas knapp kalkuliert, weshalb de Beaufort an der Ostküste in Richtung Süden zügig unterwegs ist. Zu zügig, finden die Sheriffs in zwei Provinznestern, der Edelmann wird gleich zwei Mal eingebuchtet. Die Auslösungssummen zur Freilassung zahlt er aus der Portokasse und schafft es tatsächlich zum Start runter nach Sebring. Und dann fällt er im Rennen nach 106 Runden mit einer kaputten Kupplung aus.

___ Eine appetitliche Ansammlung von 550 Spyder, 1956 im Hof des Werk 1, Stuttgart-Zuffenhausen. Wer Porsche heute besucht, wird den Werkshof leicht wiedererkennen.

MEILENSTEINE

24__ Porsche 911 2.0

Die ersten Zeilen der Legende

Am 12. September 1963 zeigt die kleine Kommanditgesellschaft aus Stuttgart-Zuffenhausen ihren neuen Heckmotorsportwagen zum ersten Mal auf der Internationalen Automobil-Ausstellung IAA in Frankfurt. Der Nachfolger des 356 trägt die Typnummer 901, ist ein 2+2-Sitzer und wird von einem luftgekühlten Sechszylinder-Boxer mit zwei Liter Hubraum, rennmäßiger Trockensumpfschmierung und 130 PS angetrieben. Das Fahrwerk ist ebenfalls brandneu mit McPherson-Federbeinen vorn und einer Schräglenkerhinterachse. Von Ferdinand Alexander Porsche und seinem Studio Porsche Style stammt das bis heute aktuelle Karosseriedesign. Da sind die runden Scheinwerfer in den vorderen Kotflügeln, zwischen denen der Kofferraumdeckel wie ein niedriger Talboden verläuft. Die breiten Schultern um die Hinterachse, das Fließheck und die einzigartige Linie der Seitenfenster.

Der erste in Zuffenhausen am Band entstandene 901 rollt am 14. September 1964 aus der Werkshalle. Nach 82 Exemplaren tauft Porsche den 901 zum 911 um, denn Peugeot hält die Rechte an dreistelligen Typenbezeichnungen mit der Null in der Mitte. Der neue Porsche erobert die Herzen beherzter Sportwagenfahrer im Sturm, denn der Elfer ist ein Fahrerauto. Das liegt auch daran, dass bei Porsche die Rennwagen und die Sportwagen für die Straße von denselben Leuten gemacht werden. Rennfahrer wie Eugen Böhringer, Herbert Linge und Hans Herrmann haben den Hecktriebler so lange im Wettbewerbstempo um die Strecken gequält, bis das Handling ihnen passte. Was zur Folge hat, dass derjenige, der einen Elfer schnell fahren will, es besser wirklich können sollte.

Heute, über ein halbes Jahrhundert und sechs Elfer-Generationen später, kommt der 911 daher wie der rollende Brennpunkt, in dem schwäbisch-solides Handwerk, Technikkompetenz und die Freude an Hochleistung zu einem Sportwagen verschmelzen, den seine Fahrer beim Wort nehmen können.

___ Ein ganz früher Prototyp des Porsche 911 im Werkshof: der 901-1, wir schreiben das Jahr 1963. Rechts im Hintergrund das Werk I, links die Prüfstandhallen.

MEILENSTEINE

25__Porsche 911R

Der erste Renn-Elfer

»Vielleicht haben wir es in unserer Begeisterung für Leichtbau etwas übertrieben mit dem Kunststoff, jedenfalls klapperte und labberte es an dem Auto ziemlich rum«, erinnerte sich Porsches ehemaliger leitender Renningenieur Peter Falk an den 911R als den ersten Renn-Elfer, der 1967 unter heftiger Mitwirkung des jungen Ferdinand Piëch entstand.

Die Türen, Hauben, vorderen Kotflügel und Stoßstangen bestanden aus dünnem Kunststoff. Die Seitenscheiben und das Heckfenster waren aus zwei Millimeter starkem Plexiglas gemacht, die Windschutzscheibe aus vier Millimeter dünnem Glas. Zum ersten Mal rollte ein Porsche auf den Leichtmetallrädern der Firma Fuchs aus Meinerzhagen, die nach kurzer Zeit als »Fuchs-Felgen« Kultstatus genossen. Die hinteren Kotflügel waren dezent ausgestellt, um die 185-H15-Reifen unterzubringen. Im Cockpit ging es spartanisch zu, nicht mal einen Aschenbecher hatte Porsche spendiert. Dabei konnte man ein Beruhigungszigarettchen bisweilen gebrauchen. Denn der rund 820 Kilogramm leichte 911R ging ab wie die Pest. Im Heck brodelte ein Zwei-Liter-Rennmotor, der mit seinen sechs offenen Ansaugtrichtern und zwei Dreifach-Vergasern nicht nur toll aussah, sondern bei 8.000 akustisch nicht zu überbietenden Touren auch 210 PS abgab. Wie alle Porsche-Motoren wurde das Schmuckstück aus einem Trockensumpf geschmiert. Unter den Türschwellern verliefen die Ölleitungen zu zwei Kühlern im Bug. Je nach Getriebeübersetzung lief der 911R 230 Sachen.

Noch im Jahr der Präsentation stellte ein 911R in Monza etliche Weltrekorde auf, unter anderem legte das Leichtgewicht bei schlechtestem Wetter 25.000 Kilometer nonstop (abgesehen von Tankstopps) mit einem Schnitt von 208,3 km/h zurück. Es folgten etliche Siege und Meisterschaften, vor allem im Rallyesport. 23 Exemplare hat Porsche gebaut. Vier blieben im Werk, 19 wurden verkauft – für je 45.000 Mark.

___ Vic Elford und David Stone gewannen auf einem 911R-Prototyp die Korsika Rallye 1967. Frei nach der Porsche-Devise: Im Rennsport geht die Entwicklung am schnellsten voran.

MEILENSTEINE

___ Ein Porsche 911R bei Testfahrten am berühmten Mont Ventoux in Südfrankreich 1967. Mit 210 PS für 820 Kilo Lebendgewicht ging es leichtfüßig voran.

MEILENSTEINE

26__Porsche 917

Vom Schreckgespenst zum Kultobjekt

Kein Porsche fasziniert wie der 917. Der Rennwagen ist das Ergebnis einer Revolution bei Porsche, angeführt von Ferdinand Piëch. 1963 kam Ferry Porsches Neffe in die Firma, übernahm 1965 die Entwicklung und den Rennsport und brachte seine Vision mit: Porsche als Langstrecken-Weltmeister und Gesamtsieger in Le Mans. Von Ferry und der Familie argwöhnisch beäugt, ließ Piëch für 1969 einen sündhaft teuren und furchterregend schnellen Rennwagen konstruieren: den 917 mit einem brandneuen 4,5-Liter-Zwölfzylindermotor und anfangs 580 PS.

Unzählige Geschichten von viel zu viel Power und viel zu wenig Handling in den Anfängen, von Mut und Todesmut, schließlich von haushoher Überlegenheit ranken sich um das Auto. Wie ganz frühe Testfahrten durch Aquaplaning und Seitenwind mit völlig zerstörten 917, aber wunderbarerweise unverletzten Rennfahrern endeten. Wie sich die Werksfahrer am Nürburgring 1969 weigerten, das Monster zu fahren. Wie Hans Herrmann und Richard Attwood 1970 das überpowerte Biest durch sintflutartigen Regen zum ersten Sieg in Le Mans fuhren. Wie der Brite Derek Bell bei Testfahrten in Le Mans 1971 396 km/h erreichte. Wie Helmut Marko und Gijs van Lennep beim Rennen mit einem Rekordschnitt von 222 km/h dort triumphierten. Der Rekord stand 39 Jahre lang. In der Weltmeisterschaft fuhr der 917 alles in Grund und Boden, 1970 und 1971 war Porsche so gut wie unschlagbar. Dann beendete eine Regeländerung den Triumphzug.

Aber der 917 hatte grenzenloses Potenzial, Porsche entwickelte den Rennwagen für Einsätze in den USA weiter, verpasste dem Wagen damals noch revolutionäre Turbo-Motoren. Mit bis zu 1.300 PS gewann der 917 die CanAm-Meisterschaften 1972 und 1973. Dann wiederholte sich, was bereits in der WM geschehen war: Um die Übermacht des 917 zu beenden, wurden die Regeln umgeschrieben. Dieser Porsche war nur am grünen Tisch zu schlagen.

___ 24 Stunden von Le Mans 1971: Der 917 Kurzheck des Martini Racing Teams an der Box. Dieses Auto gewinnt das Rennen mit einem Rekord-Durchschnitt von 222 km/h.

MEILENSTEINE

27__Porsche 911 Carrera RS 2.7

Der Revoluzzer

Frühe siebziger Jahre, die sieggewohnten Neunelfer geraten auf den Rennstrecken in Bedrängnis. Aufmüpfige Ford Capri und BMW CSL zischen vor den Porsche über die Ziellinien. Abhilfe muss her: ein Elfer für die Straße, der als Basis für den Sport taugt. Porsche-Chef Ernst Fuhrmann gibt grünes Licht für einen Revoluzzer, den 911 Carrera RS 2.7.

Der RS 2.7 ist anders als alle Elfer zuvor. Da ist der »Entenbürzel«: ein Heckspoiler für mehr Stabilität und Abtrieb in schnellen Ecken. Da sind die unterschiedlich breiten Reifen vorn und hinten (was Vertrieb und Kundendienst für Irrsinn halten). Da sind die Nikasil-Laufflächen in den Zylindern für hohe Drehzahlen. Der 2,7-Liter-Boxer leistet 210 PS bei 6.300 Touren. Das ist ein mächtiges Wort, aber die Bremse mit Scheiben im Königsformat (282,5 mm vorn, 300 mm hinten) hat die bissige Antwort parat. Der RS 2.7 geht voran: Nach 5,8 Sekunden liegen 100 Sachen an, die Spitze ist bei 245 km/h erreicht. Als erster Elfer trägt der RS 2.7 den Ehrentitel »Carrera«, das gab es seit dem 356 nicht mehr. Dynamik fordert Sportsgeist von den Insassen. Komfort? Fehlanzeige. Na ja, das »Touring-Paket« verwöhnt immerhin mit verstellbaren Sitzen, Radio, einem Handschuhfachdeckel und Zuziehgriffen an den Türen. Solche dekadenten Accessoires gibt es im »Sport« nicht. Entsprechend bringt der Touring 1.075 Kilogramm auf die Waage, der Sport wiegt 960 Kilogramm und kostet 34.000 Mark.

Der Vertrieb hadert: ein Elfer mit Spoiler? Ohne Komfort? Laut wie ein Sägewerk? 10.000 Mark teurer als eine S-Klasse? Unverkäuflich! Von wegen: Schon bei der Präsentation auf dem Pariser Auto-Salon im Oktober 1972 verkauft Porsche 55 Carrera RS 2.7, sechs Wochen später sind alle geplanten 500 Exemplare vergriffen. Nach sagenhaften 1.580 RS 2.7 stellt Porsche die Produktion ein. Ende 2015 werden gut erhaltene Exemplare für knapp eine Million Euro gehandelt.

___ Pure Fahrmaschine: Der 911 Carrera RS 2.7 war der radikalste Elfer, den es in größerer Stückzahl gab. Heute ist der abgespeckte Porsche ein kostbarer Exote.

MEILENSTEINE

___ Werbefotos der 70er Jahre sollten Stories erzählen. Hier vielleicht: »Schatz, der Sonntagsausflug ist gestrichen. Ich bin der Rennerei mit dem RS 2.7 verfallen.«

MEILENSTEINE

28__911 Carrera RSR Turbo 2.1

Der erste mit Lader

Also: Welcher war nun der erste Elfer Turbo? Okay, auf der IAA 1973 stand eine Studie, mit der Porsche das Interesse an dem Supersportwagen in Zeiten der »Ölkrise« auslotete. Das Ausstellungsstück lassen wir außen vor. Der erste 911 Turbo, der in der Öffentlichkeit einen Faucher tat, war der 911 Carrera RSR Turbo 2.1, und man schrieb den 24. März 1974, als der Rennwagen mit den ungeheuren Hinterbacken beim Vortraining zu den 24 Stunden von Le Mans auf dem Circuit de la Sarthe seine Runden drehte.

Porsche setzte auf Turbo statt Sauger, weil die Schwaben mit der für Rennwagen neuartigen Technik im US-Motorsport bereits reichlich Erfahrung und Lorbeeren gesammelt hatten. Der neu entwickelte 6-Zylinder-Boxer mit 2,1-Liter-Hubraum, einem Turbolader und Ladeluftkühler mobilisierte gut 500 PS. Um einen leichten Rennwagen zu bekommen, setzten die Künstler in Weissach die Blechschere an und schnitten von der Rohkarosse eines Elfer alles ab, was legal abzuschneiden war. Türen, Hauben und Kotflügel bestanden aus papierdünnem Plastik, der Überrollkäfig aus Alu, die Sitzschienen aus Titan. Wo sich im zivilen Elfer die Notsitze befinden, lag im RSR Turbo der 120-Liter-Tank. Dank der unorthodoxen Position blieb das Handling bei sich leerendem Tank einigermaßen konstant. Die mächtigen Räder und Bremsen stammten vom legendären Porsche 917. Der ganze Wagen wog 825 Kilogramm und ging in 8,8 Sekunden aus dem Stand auf 200.

Das wichtigste Datum 1974 war natürlich Le Mans, wo der RSR Turbo als erster Rennwagen mit Turbolader startete und gegen weit leichtere Prototypen sensationell auf den zweiten Platz fuhr. Porsche hätte das Rennen gewinnen können, denn der führende Matra litt an Getriebemalaisen. Stattdessen reparierten Porsche-Monteure die Schaltbox des Konkurrenten. Der Matra siegte. Hintergrund der Hilfsaktion: Porsche hatte das Getriebe für die Franzosen entwickelt.

___ Der erste Elfer mit Turbomotor fauchte 1974 über die Rennstrecke von Le Mans. Fast hätte das 500-PS-Ungetüm den 24-Stunden-Marathon beim ersten Start gewonnen.

MEILENSTEINE

Unter dem Heckflügel des 911 Carrera RS 2.1 Turbo ist der Turbolader sichtbar (links). Auf den Geraden erreichte der über 500 PS starke Porsche 300 km/h.

MEILENSTEINE

29__ Porsche 911 Turbo 3.0

Der antizyklischste Porsche der Geschichte

1973 haben die ölexportierenden Länder die Hähne zugedreht, den Ölpreis binnen eines Jahres vervierfacht. Pleiten und Kurzarbeit allenthalben, autofreie Sonntage und Tempolimits. Mitten in die maue Stimmung platzt Porsche mit dem 911 Turbo. Im Herbst 1974 steht der antizyklischste aller Porsche auf der Automobilausstellung in Paris. Die schwäbische Antwort auf italienische Zwölfzylinderexoten. Da sich diese Antwort mit dem Drei-Liter-Sauger des 911 nicht formulieren ließ, griff Porsche in avantgardistischer Manier zum Turbolader. Die Schwaben hatten im Rennsport 1972 die Konkurrenz in Amerika mit aufgeladenen Motoren demoralisiert und besaßen jetzt ein unvergleichliches Turbo-Know-how.

Mit einem Turbolader also bringt es der Drei-Liter-Motor des »Typ 930«, wie der Straßenrenner intern heißt, auf 260 PS. Die katapultieren den 1.195 Kilogramm leichten Hecktriebler in 5,5 Sekunden auf 100 Sachen und sind für 250 km/h Spitze gut. Kotflügelverbreiterungen, ein Heckflügel und ein Frontspoiler sowie üppige 185er Reifen vorn und 215er Gummis hinten unterstreichen Porsches Botschaft: Dies ist der schnellste Sportwagen, den es in Deutschland zu kaufen gibt. Vorausgesetzt, man hat erstens 65.800 D-Mark übrig, und man ist zweitens keine ängstliche Natur. Denn wer das Gaspedal runtertritt, bekommt mit leichter Verzögerung (»Turboloch«) einen gewaltigen Tritt ins Kreuz (»Turbo-Bumms«), und der Porsche geht voran wie eine Furie.

Der Porsche-Rennfahrer Jürgen Barth und der Journalist Gustav Büsing drückten es im Großen Buch der Porsche-Typen so aus: »Wer als Fahrer die Möglichkeiten des Fahrwerks in Verbindung mit der Motorleistung voll ausnutzen wollte, musste ... ein überdurchschnittliches Fahrkönnen mitbringen.« Genau so war es, aber es ließ sich stilvoll gruseln im 911 Turbo, denn Porsche packte allen erdenklichen Luxus in den Straßenrenner. Und die Rechnung ging auf: Der 911 Turbo wurde zum Flaggschiff des Sportwagenbauers.

___ Deutschlands damals schnellster Sportwagen in Aktion. Mit 260 Pferdestärken schoss der 911 Turbo in 5,5 Sekunden aus dem Stand auf 100 Stundenkilometer.

MEILENSTEINE

___ Der 911 Turbo bescherte seinem Fahrer manchen adrenalingetränkten Moment. Um dieses Biest zu bändigen, bedurfte es hoher Fahrkunst und guter Nerven.

MEILENSTEINE

30__ Porsche 928

Seiner Zeit zu weit voraus

Schon 1971 steht fest, dass ein modernerer Sportwagen den 911 ablösen soll. Vorstandschef Ernst Fuhrmann sieht mit den Familien Porsche und Piëch das Ende des 911 kommen. Zu antiquiert erscheinen das Heckmotorkonzept und der Sechszylinder-Boxer. Luftgekühlt und laut, nicht für zukunftweisende Techniken wie Vierventilzylinderköpfe geeignet, würde der Motor bald die Lärm- und Abgasvorschriften wichtiger Märkte nicht mehr erfüllen. Deshalb bekommt der Nachfolger mit der Entwicklungsnummer 928 einen hochmodernen, flachbauenden V8. Wassergekühlt, aus Leichtmetall und voluminös genug, um auch die Amerikaner glücklich zu machen.

Der V8 ist vorn eingebaut, seine Kraft geht über eine Welle zum Getriebe an der Hinterachse. Dieses Prinzip heißt »Transaxle« und ermöglicht eine hervorragende Gewichtsverteilung. Die eigens erfundene »Weissach«-Hinterachse bügelt selbst grobe Fahrfehler aus und hält das Heck des 928 ruhig. Ein Leichtmetallfahrwerk, Hauben und Türen aus Alu, die Nase und der Hintern aus verformbarem Kunststoff, ein großer Kofferraum und ein Karosseriedesign, das seiner Zeit voraus ist, summieren sich zu einem tollen Sportwagen. Immer besser, stärker und schneller wird der 928 über die nächsten zwei Jahrzehnte. Bei der Präsentation 1977 leistete sein 4,5-Liter-V8 240 PS; der letzte 928 GTS von 1992 hat ein 5,4-Liter-Trumm mit Vierventilköpfen und 350 Pferden unter der Fronthaube.

Nur: Der 928 ist kein 911. Gusseiserne Porsche-Fans zeigen dem Wagen die kalte Schulter. Und das bleibt so durch sein ganzes Leben. Von 1977 bis 1995 baut Porsche 61.056 Exemplare des Gran Turismo. Zum Vergleich: Auf ungefähr die identische Stückzahl (63.700) kommt die dritte Generation des 911 in nur fünf Jahren der Produktion von 1989 bis 1993. Erst heute entdecken Kenner ihre Liebe für das avantgardistische Design und die kernige Technik des inzwischen selten gewordenen 928.

___ Eine Werbeaufnahme aus den 70er Jahren. Der Pfeife rauchende Porschefahrer und die Dame, die ihren Mantel heute passend zur Wagenfarbe gewählt hat.

MEILENSTEINE

31__Typ 953
Mit Allrad in die Sahara

Allradantrieb für den 911. Was mit dem Supersportwagen 959 im Jahr 1986 und dem 911 Carrera 4 ab Herbst 1988 in Serie ging, testete Porsche erst einmal im Motorsport. Und das kam so: Der Rennfahrer Jacky Ickx hatte die Paris–Dakar-Rallye 1983 auf einem Mercedes gewonnen und schlug Porsches Technikvorstand Helmuth Bott vor, dies 1984 mit einem 911 zu tun. Bott rief seinen Rennchef Peter Falk und den Ingenieur Roland Kussmaul zu sich: »Können wir die Dakar 1984 fahren?« Falk und Kussmaul nickten: »Jawoll, wir bräuchten nur bitte Ihren Dienstwagen für Testfahrten.« Bott schluckte und rückte seinen Elfer raus, den Kussmaul mit Audi-Teilen bereits zum Allradler gemacht hatte, denn Porsche forschte in Richtung 4x4. 30 Prozent der Power gingen nach vorn, 70 an die Hinterachse.

Für die Wüste verpasste der Ingenieur dem Elfer vorn doppelte Querlenker und zwei Stoßdämpfer auf jeder Seite, hinten eine verstärkte Achse vom 911 Turbo. Zwei Benzintanks fassten zusammen 270 Liter. Ein eingeschweißter Stahlkäfig gewährte Sicherheit. Der 3,2-Liter-Motor gab serienmäßige 225 PS ab. Im späten Sommer 1983 droschen Kussmaul, Falk und zwei Kollegen diesen »Typ 953« an einem Wochenende Tag und Nacht 1.500 Kilometer über einen Manöverplatz bei Lessien in Niedersachsen. Das war heikel, denn anders als in der Wüste standen die Bäume nah an der Strecke. Und der Elfer ging 210.

Im September 1983 reiste das Team in die Sahara, wo der Urvater aller Allrad-Elfer-Wagen weitere 5.000 Kilometer rannte. Porsche baute drei 911 Carrera 4x4 nach dem Muster des 953 und ging zum ersten Mal die Hatz von Paris nach Dakar an. Der Franzose René Metge holte den Sieg nach Zuffenhausen. Es war der erste Erfolg überhaupt für einen Sportwagen bei der 11.000-Kilometer-Tortur. Und Ickx? Und der 953? Ickx wurde Sechster, und der tapfere 953 vollendete sein Schicksal in der Schrottpresse.

___ Herbst 1983, tiefste Sahara: ein kurzer Service-Stopp für den ehemaligen Vorstands-Elfer, der jetzt als Allrad-Renner 5.000 Kilometer durch die Wüste geprügelt wird.

MEILENSTEINE

Im Winter 1983 finden letzte Testfahrten mit dem Typ 953 statt, der bei der Rallye Paris–Dakar 1984 als 911 Carrera 3.2 4x4 starten und gewinnen wird.

MEILENSTEINE

32__ Porsche Cayenne
Meilenstein im Offroad

Der Cayenne schafft die Nürburgring-Nordschleife schneller als die meisten Sportwagen. Auf jeden Fall aber schneller als jedes andere Sports Utility Vehicle. So ist der Stand im Frühjahr 2016, die entsprechende Zeit lautet: 7:59.74 Minuten. Der Cayenne gehört auch im Gelände zu den Besten. Er übersteht 10.000 Kilometer im scharfen Tempo von Berlin zum Baikalsee klaglos – was die Meldung für Fans nach der Transsyberia Rallye 2006, 2007 und 2008 (in den zwei letzten Jahren ging es von Moskau nach Ulan-Bator) war. So viel zum Thema »Sports«.

Zum Thema »Utility« ließe sich auch etwas sagen. Ein Cayenne hat viel Platz, ist ein tolles Reiseauto, reißt jeden Pferdetransporter zur Not mit Fluchtgeschwindigkeit vom Gestüt und absolviert auch die Vorfahrt an der Oper (zumindest die neueren Generationen) bravourös. Entscheidend aber scheint: Egal, ob Sports oder Utility, der Name Porsche steht für Sportwagen-Engineering, hier gewürzt mit einer Prise Pfeffer aus der Hafenstadt auf der Teufelsinsel. Porsche baut den Cayenne heute mit Dieselmotor, mit einem Hybridantrieb, mit »kleinen« V6- oder mächtigen V8-Motoren.

Der Cayenne war bei Porsche umstritten, als die Gedankenspiele in Richtung SUV gingen: ein Geländewagen von Porsche? Das hatte zuletzt Ende der fünfziger Jahre nicht geklappt. Und: Ein solcher Riese passt in unser Modellprogramm wie ein Bodybuilder in die Stuttgarter Ballett Compagnie. Der 2,2-Tonner mit bis zu 570 PS bleibt bis heute in der Öffentlichkeit umstritten, vor allem, wenn das Thema »Klima« auf den Tisch kommt.

Und bei alldem ist der Cayenne ein Riesenerfolg für Porsche. Kurz nach der Präsentation der dritten Modellreihe neben 911 und Boxster im September 2002 schossen die Verkaufszahlen in die Höhe. 2023 war der Cayenne mit 87.553 verkauften Exemplaren knapp vor seinem kleinen Bruder Macan (87.355) das bestverkaufte von allen Porsche-Modellen.

___ Jawohl, der Cayenne ist für Ausflüge abseits befestigter Straßen bestens gerüstet. Allerdings muten die wenigsten Porsche-Eigner ihrem edlen SUV solche Torturen zu.

___ Umberto Maglioli wartet in einem 550 A Spyder bei der Targa Florio 1956 auf den Start. Er wird das Straßenrennen in Sizilien nach fast acht Stunden Fahrt gewinnen.

RENNFAHRER

RENNFAHRER

33__Hans Herrmann

Historische Siege, kluger Rücktritt

»Jetz isch er zwar net perfekt, aber so könnt' man ihn gerad no lasse.« Diesen Satz hörten die Mechaniker mit Erleichterung. Gesprochen von Hans Herrmann nach stundenlangen Versuchen, seinen Sitz einzustellen. Der Schwabe, am 23. Februar 1928 geboren und seit 1953 bei Porsche, war berüchtigt für seine Ansprüche ans Gestühl in Rennwagen. Bewundert wurde er für seine Fähigkeiten als Testfahrer – und als einer, der bei über 130 Starts für Porsche historische Erfolge reinfuhr.

1954 brachte er einen kleinen 550 Spyder bei der Carrera Panamericana durch Mexiko auf Platz drei und meldete damit Porsche im Konzert der großen Marken an. 1958 fuhr Herrmann einen 718 RSK mit Jean Behra in Le Mans auf den dritten Platz – zum ersten Mal standen Porschefahrer beim berühmtesten Langstreckenrennen auf dem Podium. 1960 gewann das Team Herrmann/Gendebien für Porsche zum ersten Mal die 12 Stunden von Sebring. 1970 gelang das Finale furioso: Auf dem 580 PS starken 917 holte Herrmann mit Richard Attwood den ersehnten Gesamtsieg für Porsche in Le Mans. Es goss wie aus Eimern, von 51 Startern kamen sieben in die Wertung.

Herrmann war 42 Jahre alt und erklärte seinen Rücktritt, denn er hatte das vor dem Start seiner Frau Magdalena versprochen. Vielleicht fand Herrmann auch, er hätte das Schicksal nun oft genug herausgefordert, vor allem bei seinen Starts auf anderen Marken in der Formel 1. Als er mit dem Mercedes 1955 beim Training zum GP Monaco in die Mauer krachte und sich etliche Knochen brach. Als am BRM-Formel 1 1959 auf der Avus bei 280 die Bremsen versagten, er aus dem Auto flog und nur Kratzer davontrug. Aber auch schon 1954, als er mit Herbert Linge im Porsche 550 bei der Mille Miglia unter einer fast geschlossenen Bahnschranke durchschoss. »Hans im Glück« haben sie ihn genannt. Jeder ist bekanntlich seines Glückes Schmied, was Herrmann mit seinem klugen Rücktritt bestätigte.

___ Mit Hans Herrmann verbinden sich etliche Höhepunkte in der Geschichte des Porsche-Motorsports. Zusammen mit Richard Attwood holte er den ersten Sieg in Le Mans.

RENNFAHRER

34__ Herbert Linge

»Des isch doch net schnell!«

Diese trockene Antwort bekam Peter Falk von Herbert Linge zu hören, als er den Werkstattmeister, Versuchs- und Rennfahrer bei der eisglatten Rallye Monte Carlo 1965 zu einer gemäßigteren Gangart mit dem 911 aufrief. Falk – später Sportchef bei Porsche – agierte als Linges Beifahrer. Dieser blieb hartnäckig auf dem Gas, das Duo beendete die Rallye auf Platz fünf.

Herbert Linge, am 11. Juni 1928 in Weissach geboren, war einer der Allrounder, die Porsche in den frühen Jahren prägten. 1943 hatte er eine Mechanikerlehre begonnen und war nach dem Krieg der erste Monteur, den Porsche wieder einstellte. Schnell stieg Linge zum Werkstattchef auf, brachte zwischendurch den Kundendienst in den USA auf Trab und zeigte 1959 Ferdinand Porsche einen Acker bei der Gemeinde Weissach: den Standort der künftigen Porsche-Denkfabrik. Seine Rennkarriere begann eher zufällig: »Ich hatte Rennerfahrung mit dem Motorrad. Wenn niemand anderer Zeit hatte, fragten sie mich, ob ich eins der Autos fahren wollte.« Er wollte, und er konnte. 89 Klassensiege rund um die Welt und vier WM-Titel verzeichnen die Statistiken für das schwäbische Urgestein. Wer weiß, wie viele es geworden wären, aber dann kam Le Mans 1969. Gemeinsam mit dem britischen Privatfahrer John Woolfe sollte Linge einen 917 fahren. Gleich nach dem Start verunglückte Woolfe tödlich – Linge erklärte seinen Rücktritt. Nur einmal kehrte er nach Le Mans zurück, um 1970 bei Steve McQueens »Le Mans«-Epos mitzuwirken.

In den frühen siebziger Jahren erfand Linge die »Rettungsstaffel« für Rennstrecken, die in 60 Sekunden bei einem Havaristen sein konnte. 1982 erhielt er für diese Idee das Bundesverdienstkreuz. Ende der achtziger Jahre erfand Linge den »Carrera Cup«. Diese Rennserie trägt Porsche heute weltweit aus. 1992 sagte er dem aktiven Berufsleben »adé«, blieb aber als einer der ganz Großen von Porsche immer präsent. Herbert Linge verstarb im Januar 2024.

___ Herbert Linge war einer der sagenhaften Allroundkönner bei Porsche. Werkstattmeister, Service-Beauftrager in den USA, Renn- und Rallyefahrer und Erfinder einer Rennserie.

RENNFAHRER

35__ Vic Elford

Zwei Premieren, ein unmöglicher Sieg

»Einmal brauchte ich am Ziel einer Prüfung drei Versuche, bis meine Zigarette brannte«, diktiert Vic Elford am 26. Januar 1968 den Reportern. Sein Statement ist bemerkenswert. Denn erstens kommt es von jenem Lenkrad-Genie, das gerade im 911 T mit 180 PS auf Eis, Schnee und Asphalt den Rest der Weltelite niedergerungen und den ersten Gesamtsieg für Porsche bei der Rallye Monte Carlo geholt hat. Zweitens ist der Brite ein hingebungsvoller Kettenraucher, der das Feuerzeug souverän handhabt.

Zwei Tage später sitzt Elford in der Boeing 707 nach Daytona, Florida. Drei 907 des Werks sind beim 24-Stunden-Rennen am Start. Elford steigt vom Eintonner-Elfer mit Heckmotor auf das 600 Kilogramm Leichtgewicht vom Typ 907 um. Die 270 PS des 2,2-Liter-Mittelmotors sind gut für 325 Spitze. Der Speedway ist eine Kombination von Vollgas-Steilkurve und fiddeligem Infield. In der Nacht überschlägt sich ein Porsche des Teams, rutscht funkensprühend auf dem Dach über die Strecke. Elford ist direkt dahinter: »Ich stach blind in ein Chaos von Rauch und Staub und kam am anderen Ende raus, ohne etwas getroffen zu haben.« Am 4. Februar fahren Elford und sein Teamkollege Rolf Stommelen als Sieger über den Zielstrich. Es ist der erste Gesamtsieg für Porsche bei einem großen Langstreckenrennen.

Bei der Targa Florio am 5. Mai setzt Vic noch eins drauf. Das sizilianische Straßenrennen geht über zehn Runden, jede ist 71,9 Kilometer lang und mit rund 700 Kurven gespickt. In Runde eins verliert Elfords 907 zwei Mal ein Rad: 18 Minuten Rückstand auf den Führenden. Der Brite attackiert, übergibt kurz an seinen Teamkollegen Umberto Maglioli. In den letzten drei Runden brennt Elford ein fahrerisches Feuerwerk ab, setzt zwei neue Rekorde und schafft den unmöglich scheinenden Sieg. Zum ersten Mal zeigt Porsche auf dem traditionellen »Siegesposter« kein Auto, sondern einen Fahrer: Vic Elford.

___ Bis zu Elfords Triumph bei der Targa Florio 1968 zeigten die Siegesposter von Porsche Rennwagen. Ein Porträt war ein Novum – und eine Verbeugung vor der Leistung des Briten.

RENNFAHRER

36 — Joseph Siffert

Geschwindigkeit im Blut

1.000-Kilometer-Rennen auf dem Nürburgring 1968. Jo Siffert und Vic Elford fahren einen 908 des Werks. Das Wochenende beginnt übel, ihr Achtzylinder läuft im Training widerwillig: Startplatz 27! Beim Start im Stil von Le Mans rennen die Fahrer über die Strecke zu ihren wartenden Autos und rasen davon. Siffert sprintet schneller als der Rest und zischt los wie vom Katapult geschossen. Beim Anbremsen der ersten Kurve liegt er auf Platz drei. Nach der ersten Runde fuhrt sein weißer Porsche. Elford/Siffert gewinnen, es ist der zweite Sieg für Porsche bei Deutschlands wichtigstem Sportwagenrennen.

Ein paar Wochen später fährt Siffert in Le Mans die beste Trainingsrunde. Nie zuvor hat dort ein Porsche auf dem ersten Startplatz gestanden. Es gibt keinen Zweifel: Er ist der schnellste Mann im Team. Noch besser kommt es 1969. Jo, auch »Seppi« gerufen, holt mit dem Briten Brian Redman die erste Weltmeisterschaft für Porsche und siegt zum Saisonabschluss beim Grand Prix von Österreich auf einem Porsche 917. Es ist der erste Sieg mit dem extrem heikel zu fahrenden Zwölfzylinder-Rennwagen.

»Wir haben Jo Siffert geliebt«, fasst sein ehemaliger Rennleiter Peter Falk das Verhältnis des Porsche-Teams zu dem Schweizer zusammen. Da klopft Ferrari bei Siffert an, Formel 1 und Sportwagen sind im Gespräch. Das muss Porsche verhindern. Die Schwaben bieten ihrem schnellsten Mann Hilfe bei der Suche nach einem Formel-1-Cockpit an. Siffert entscheidet sich für March, Porsche hilft der Entwicklung des 701-Monoposto mit 30.000 US-Dollar auf die Sprünge.

1970 bekommt Siffert harte Konkurrenz im Porsche-Cockpit: Der Mexikaner Pedro Rodriguez ist oft schneller als Jo. Die Alphatiere liefern sich legendäre Kämpfe wie beim 1.000-Kilometer-Rennen in Spa. Siffert teilt 1971 das tragische Schicksal vieler Fahrerkollegen: Er verunglückt tödlich im Formel 1.

___ Der Schweizer Jo Siffert galt lange Zeit als schnellster Mann im Porsche-Werksteam. Mit seinem Fahrerkollegen Brian Redman holte er 1969 den ersten WM-Titel für Porsche.

RENNFAHRER

37__ Gerhard Mitter

Der Europameister mit dem Gipsfuß

Gerhard Mitter, Jahrgang 1935, ein Schwabe aus Leonberg und eines der fahrerischen Universalgenies seiner Zeit. Als er 1964 zu Porsche kam, genoss Mitter schon einen Ruf als Motorentuner und exzellenter Rennfahrer mit Grand-Prix-Erfahrung. Und er war misstrauisch, kennzeichnete seine Rennwagen an geheimen Stellen, damit ihm niemand ein anderes Auto unterschieben konnte. Andererseits war Mitter auch ein Pfundskerl, der das Team auf seine Hütte bei Leonberg einlud und eine Sau am Spieß briet.

Mitter fuhr alles: 24 Stunden, 1.000-Kilometer-Rennen, er gewann 1969 mit Udo Schütz die Targa Florio (790 Kilometer, rund 8.000 Kurven). Aber am besten war Mitter als Sprinter. 1966, 1967 und 1968 holte er die Berg-Europameisterschaft: sechs bis 21 Kilometer lange Rennen auf abgesperrten Sträßchen. Die Bergautos wie der Porsche 910/8 oder der 909 waren ultraleichte Rennwagen mit bis zum Letzten ausgereizten Motoren. Neben den Straßen: Abgrund auf der einen, Felswand auf der anderen Seite, zur Auflockerung dazwischen streckenweise Zehntausende Zuschauer mit den Zehen am Straßenrand. Was Mitter nicht erschütterte, denn er war ein eisenharter Kerl. 1966 krachte er beim Rennen in Spa in eine Felswand und brach sich den linken Fuß. Das hielt ihn nicht von weiteren Starts ab. Der Gipsfuß wäre am harten Kupplungspedal zerbröselt, weshalb Mitter ihn vor dem nächsten Start mit Kunststoff einschalen ließ. Der wird beim Abbinden sehr heiß. Mitter hielt das klaglos aus – und wurde Europameister.

Nach einem Überschlag bei einem WM-Lauf in Daytona donnerte sein Porsche kopfüber auf dem funkensprühenden Überrollbügel an den Boxen vorbei. Mitter berichtete den entsetzten Porsche-Leuten später: »An dem glühenden Bügel hätte ich mir locker eine Zigarette anzünden können.« Mitter, der Unerschütterliche, verunglückte am 1. August 1969 im BMW-Formel 2 auf dem Nürburgring tödlich.

___ Schnell, selbstbewusst, kompetent in Sachen Technik und hart im Nehmen: Gerhard Mitter. 1966 erkämpfte der Leonberger mit einem Gipsfuß die Berg-Europameisterschaft.

RENNFAHRER

38___ Hurley Haywood

Amerikas bester Langstrecken-Mann

Wie werde ich Amerikas erfolgreichster Langstrecken-Rennfahrer? Am besten ist, du fährst als 20-jähriger Student in Florida mit einem Corvette-Brummer Autocross und besiegst einen berühmten Rennfahrer wie Peter Gregg. Ideal ist es, wenn dieser Peter Gregg zufällig auch noch Porsche-Händler ist und einen Rennstall wie Brumos besitzt.

Genau so fing Hurley Haywoods Karriere 1968 an. Die Story ging dann so weiter: Der acht Jahre ältere Gregg half Jung-Haywood, einen Rennwagen zu kaufen, und zeigte ihm ein paar Tricks. Nach einem Tag Training hängte der Student seinen Lehrmeister wieder ab. Damit war eine Freundschaft geboren, und es erwies sich sicher als hilfreich, dass beide am selben Tag Geburtstag feierten: am 4. Mai. Bei den 6 Stunden von Watkins Glen am 12. Juli 1969 lösten sich die zwei erstmals am Steuer eines Rennwagens ab. Es war ein 911 S, und sie gewannen ihre Klasse. 1973 siegten Haywood und Gregg auf einem Carrera RSR 2.8 sensationell bei den 24 Stunden von Daytona, und es begann die unvergleichliche Laufbahn des Hurley Haywood auf der Langstrecke. Zehn Mal hat er die großen Klassiker gewonnen: fünf Mal Daytona (1973, 1975, 1977, 1979, 1991), drei Mal Le Mans (1977, 1983, 1994) und zwei Mal Sebring (1974, 1981). Alles auf Porsche, immer mit Startnummer 59. Acht nationale Titel sammelte Haywood, und in wie vielen Halls of Fame er vertreten ist, weiß er wahrscheinlich selbst nicht. Auf jeden Fall gehört die Motorsports Hall of Fame of America dazu.

2009, im zarten Alter von 60 Jahren, stieg Haywood letztmals auf das Podium in Daytona: auf einem Brumos-Prototypen mit Vierliter-Porsche-Motor wurde er Dritter. Das Rennen gewann übrigens auch ein Brumos. Was Haywood sehr freute, denn seit Peter Greggs frühem Tod im Jahr 1980 kümmerte er sich intensiv um beides: den Automobilhandel und den Rennstall unter dem traditionsreichen Namen Brumos.

___ Hurley Haywood 1973 im Cockpit eines Porsche 917/10. 2009 stieg Amerikas erfolgreichster Langstreckenfahrer im Alter von 60 Jahren letztmals auf das Podium.

RENNFAHRER

39___Jacky Ickx
Nachdenklich schnell

Jacky Ickx, 1945 in Brüssel geboren, war einer der schnellsten Rennfahrer der Welt, bat aber bisweilen um Geduld. Vor allem, wenn Reporter mal eben schnell eine Antwort wollten. »Komm morgen wieder, ich muss über deine Fragen nachdenken.« Früh hat er sich einen Namen gemacht: Formel 1 mit Ferrari, Langstrecke unter anderem mit Ford.

1969 war Ickx in Le Mans für Schlagzeilen gut. Er boykottierte den berühmten Start, bei dem alle über die Strecke zu ihren Autos rannten und losfuhren. Die Gurte legten sie erst später auf der langen Geraden bei über 300 an, mit dem Lenkrad zwischen den Knien. Ickx schlenderte über die Bahn, schnallte sich in aller Ruhe fest, fuhr als Letzter los und gewann, nachdem er den Porsche 908 mit Hans Herrmann niedergerungen hatte. 1976 bis 1985 saß Ickx immer wieder im Werks-Porsche. Noch heute schwärmen jene, mit denen er viermal Le Mans gewann (1976, 1977, 1981, 1982) und zweimal Langstrecken-Fahrerweltmeister wurde (1982, 1983) von seiner Intelligenz, seiner Konzentration auf den Sieg, seinem Verzicht auf vordergründige Show und seiner Schnelligkeit. Mit wohligem Gruseln werden die Geschichten der Aufholjagden durch Nacht und Nebel erzählt: wie er 1977 in Le Mans den 936 vom 42. Platz durch Nacht und Regen in Führung peitschte, wie er den 908/80 drei Jahre später aus dem Wertungs-Nirwana nach vorn fuhr.

Abseits fester Strecken entdeckte Ickx die Sahara für sich und gewann 1983 auf einem Mercedes die Paris–Dakar Rallye, regte dann bei Porsche ein Wüstenprogramm an. Sein sechster Platz im Elfer von 1984 wäre nicht weiter bemerkenswert, wäre Ickx nicht nach einem Kabelbrand unverdrossen von Platz 139 in Richtung Ziel weitergefahren. Sein zweiter Platz von 1986 darf nicht unerwähnt bleiben. Und auch nicht, dass er den Autor 2015 nach einer Frage bat: »Komm morgen wieder …«

___ Vier Siege in Le Mans, zwei Mal Langstrecken-Weltmeister. Jacky Ickx ist ein schneller, sehr eloquenter Mann, der nur ein Wort nicht kannte: aufgeben.

RENNFAHRER

40_ David Piper
Rasende Liebe zum 917

David Piper wurde 1930 in eine britische Bauernfamilie geboren. Den Pipers ging es so gut, dass sich der Sohn früh dem Erwerb von Rennwagen und dem Ausloten ihrer Grenzen widmen konnte. Dabei zeigte »Pipes« Talent. Das wusste auch Porsches Rennleiter Rico Steinemann. Deshalb wählte er irgendwann im Mai 1969 Pipers Nummer und fragte, ob er einen neuen Porsche fahren wolle. Hintergrund des Anrufs: Die Werksfahrer weigerten sich schlicht, den neuen Typ 917 beim 1.000-Kilometer-Rennen auf dem Nürburgring zu fahren. 580 PS, 380 Spitze und kaum Straßenlage waren selbst diesen hartgesottenen Burschen unheimlich.

Piper und der australische Rennfahrer Frank Gardner reisten zum Ring. »Die schnellen Passagen waren furchtbar, der Wagen kaum zu kontrollieren«, erinnerte sich Piper später. Aber die beiden hielten durch, wurden Achte und verschafften dem 917 die erste Platzierung. Nach diesem Erlebnis gab es für »Pipes« nur eines: Er kaufte einen 917 und startete beim 1.000-Kilometer-Rennen in Buenos Aires 1970, was den ersten Auftritt des 917 auf amerikanischem Boden markiert. Der Frachter mit dem Porsche machte auf dem Rückweg nach Europa in Miami fest, wo Pipers Freunde Peter Gregg und Tony Dean den Wagen kurzerhand ausluden, um beim 24-Stunden-Rennen in Daytona im Januar zu starten. Piper war ahnungslos, kam zur Strecke: »Da sah ich meinen Porsche durch die Steilkurve pfeifen.« Zu allem Überfluss schlachteten Gregg und Dean den Motor, »und überwiesen mir irgendwann 300 Dollar«.

Pipers 917-Liaison war damit nicht zu Ende, nahm aber eine dramatische Wende. Als Stuntman verunglückte er 1970 bei den Dreharbeiten zu Steve McQueens Film »Le Mans« in einem 917 schwer – ein Bein musste teilweise amputiert werden. Die Karriere war beendet, aber die Liebe zu Rennwagen brannte weiter. Noch mit weit über 80 Jahren war der Gentleman-Racer an Strecken überall auf der Welt zu Gast.

___ David Piper fuhr als einer der Ersten den anfangs gefürchteten Porsche 917 im Rennen und wirkte später im Film »Le Mans« als Stuntman mit.

RENNFAHRER

41__ Derek Bell

Rennsport und sonst gar nichts

Der Mann ist ein exzellenter Rennfahrer, und er sieht auch wie einer aus. 1941 in England geboren und nie offiziell vom Sport zurückgetreten, bewegt sich Derek Bell bei der Porsche Rennsport Reunion 2015, einem herrlichen Fest der Motorsport-Nostalgie in Kalifornien, elegant und mit leichten Schritten, plaudert charmant und schlagfertig. Drahtig ist er, das kantige Gesicht mit der Adlernase hat was Aristokratisches, die langen glatten Haare signalisieren Nonchalance. Und als er da ins Cockpit eines Porsche 962C aus den achtziger Jahren gleitet, zeigt der Fluss seiner Bewegungen, dass er das hundert Mal getan hat – und dass er es noch immer genießt.

Ende der sechziger Jahre war Bell im Formel-Auto für Ferrari unterwegs, aber zwischen frei stehenden Rädern blühte sein Talent nicht wirklich auf. Ganz anders im Rennsportwagen. 1970 schaffte er es auf Anhieb in das berühmte JWA-Team, das für Porsche den Über-Rennwagen 917 einsetzte. 1975 holte er mit JWA – allerdings auf einem englischen Auto – seinen ersten Sieg in Le Mans. Zwei Jahrzehnte startete Bell immer wieder für Porsche, und er gewann. Le Mans 1981, 1982, 1986 und 1987. Zweimal mit Jacky Ickx, zweimal mit Hans-Joachim Stuck. 1985 und 1986 war er Sportwagen-Weltmeister auf Porsche. Ingenieur Norbert Singer schwärmte noch in seinem Buch »24:16« von Bells klaren Aussagen als Testfahrer und seinem Feingefühl für den Rennwagen. Wie er in Le Mans auf der sechs Kilometer langen Geraden ganz kurz vom Gas ging, um dem Motor eine Verschnaufpause zu gönnen, oder wie er gegen Ende der Geraden mit dem linken Fuß die Bremse antippte, um sie für die folgende Brutalverzögerung vorzuwärmen.

Auch als Bells Zeit im Werks-Cockpit vorbei war, konnte er es nicht lassen. 1995 fuhr er in Le Mans einen McLaren mit seinem Sohn Justin (Jahrgang 1968) auf den sensationellen dritten Platz. 2008 trieb Derek erneut einen Prototypen beim 24-Stunden-Rennen um den Daytona International Speedway. Und damit ließ es Bell dann auch gut sein.

___ Schnell, zuverlässig, ein glänzender Teamplayer: Derek Bell wurde mit Porsche zweimal Langstrecken-Weltmeister. Hier eine Aufnahme von 1971.

RENNFAHRER

42_ Hans-Joachim Stuck

Von der Zugspitze

12. Juni 1985, Training zum 24-Stunden-Rennen in Le Mans. Hans-Joachim Stuck ist 34 Jahre alt, hat eine große Karriere als Tourenwagen-Rennfahrer und weniger glückliche Zeiten in der Formel 1 hinter sich. Im Dezember 1984 stieß Stuck zu Porsche, jetzt sitzt er im 962C des Werksteams. Das ist die Chance für ein Comeback. Stuck nutzt sie.

700 PS leistet der Turbomotor des Rennwagens, der sich dank einer ausgeklügelten Aerodynamik an die Fahrbahn saugt und irrwitzige Kurvengeschwindigkeiten erlaubt. 13,6 Kilometer lang ist die Runde, bei 3:14.80 Minuten bleiben die Stoppuhren stehen, Durchschnittsgeschwindigkeit 251,815 km/h. So schnell ist vorher und bis 2016 kein Mensch mehr in Le Mans gefahren (wobei die Strecke durch Umbauten seither langsamer wurde). Stuck gewinnt das Rennen nicht, wird aber mit seinem Teamkollegen Derek Bell 1985 Langstrecken-Weltmeister. Die Sache mit dem Sieg holt der Bayer 1986 nach und setzt 1987 noch einen drauf. Stuck glänzte mit Erfolgen und unterhielt sein Team auch schon mal als Gaudibua. Als die Queen Derek Bell 1986 zum Member of the Most Excellent Order of the British Empire (MBE) ernennt, verzieren dessen Rennmechaniker den Porsche mit den Buchstaben »MBE«. Stucks Rennleiter Peter Falk erinnert sich: »Als der Stuck das sah, meinte er zu uns: ›Und was krieg ich aufs Auto?‹ Dann hat er vorgeschlagen: ›V.d.Z.‹ Wir guckten ihn verdutzt an, und er erklärte: ›Von der Zugspitze‹.«

Stuck blieb Porsche nach einem Ausflug zu Audi bis in die neunziger Jahre treu, fuhr Rennen in den USA, entzückte dort die Fans mit einem Jodler über die Streckenlautsprecher. 2011 nahm Stuck einen emotionalen Abschied vom Cockpit, als er mit seinen zwei Söhnen das 24-Stunden-Rennen auf dem Nürburgring bestritt. Von 2012 bis 2020 lenkte Stuck mit Cleverness und Witz den Deutschen Motor Sport Bund. Bis heute gilt der Bayer als begehrter Interviewpartner in Sachen historischer Motorsport.

___ Hans-Joachim Stuck war mit jedem Auto superschnell: Tourenwagen, Formel 1 und Porsche Prototypen.

RENNFAHRER

43__ René Metge
Der freundliche Wüstenkönig

Rallye Paris–Dakar 1984, tiefe Nacht, das Camp am Ende einer 800 Kilometer langen Tagesetappe. Es ist bitterkalt in der Sahara, nach und nach tauchen die Autos aus der Wüste auf, teils in üblem Zustand, die Fahrer und Beifahrer sind erschöpft und ausgebrannt. Da rollt der Porsche 911 Carrera 4x4 des Werksteams an. Der Fahrer René Metge löst seine Gurte, klettert aus dem tiefen Schalensitz hinter dem Lenkrad, begrüßt alle freundlich, zündet sich genüsslich eine Gauloise an. Dann stiefelt er los, offenbar bei bester Laune und in guter Verfassung. Alle im Camp winken dem Franzosen zu.

Metge, Jahrgang 1941, liebt die Rallye, und alle lieben Metge. Porsche wird den Franzosen ganz besonders ins Herz schließen, denn mit seinem Beifahrer Dominique Lemoyne gewinnt er die 12.000 Kilometer lange Tortur beim ersten Anlauf für den 911. Das ist eine unglaubliche Leistung von Team und Technik, denn bislang haben nur Geländewagen den seit 1977 gefahrenen Marathon gewinnen können. Aber es gibt keinen Zweifel: Der Erfolg geht großteils auf Metges Kappe. Er kennt die Wüste wie wenige, er weiß, was sein Auto aushält. Metge hilft Porsche bei der Organisation dieses ersten Starts für die Stuttgarter; er kennt in jeder Oase die entscheidenden Leute, ist mit dem Veranstalter Thierry Sabine befreundet. 1985 hätte Metge den Sieg fast wiederholt, aber eine gebrochene Ölleitung entschied anders. 1986 kam er zurück und gewann wieder, diesmal auf dem Porsche 959. Es war eine der schlimmsten Ausgaben der Dakar: 13.800 Kilometer. Von 280 gestarteten Autos kamen ganze 31 in Wertung ins Ziel bei der westafrikanischen Stadt Dakar.

Und was die Kappe angeht: Ohne die etwas angejahrte Kopfbedeckung wurde der Franzose nie gesehen. Nicht im Camp, nicht im Auto und nicht im Schlafsack. Ohne Kappe, da waren sich alle sicher, hätten sie René nicht erkannt. Außer vielleicht an seinem Lachen und der Gauloise. Einer der Großen des Sports verließ uns im Januar 2024.

___ René Metge (r.) und sein Beifahrer Dominique Lemoyne jubelten schon vor dem Start der Paris–Dakar 1984. Das hatte was Prophetisches: Sie siegten.

RENNFAHRER

44__Bob Wollek

Der Traum »Le Mans« blieb unerfüllt

Der Elsässer Bob Wollek war einer der erfolgreichsten Porsche-Rennfahrer. Nur selten saß er im Werksauto, aber private Teams verpflichteten den stillen Mann mit der sparsamen Gestik ab Mitte der siebziger Jahre im Lauf eines Vierteljahrhunderts immer wieder. Wollek gewann als einziger Fahrer sieben Mal den »Porsche Cup« – eine Auszeichnung, die Porsche seit 1970 jedes Jahr dem erfolgreichsten Privatrennfahrer verleiht.

Wollek hatte die Geschwindigkeit im Blut. 1943 geboren, gehörte er Mitte der sechziger Jahre zu Frankreichs schnellsten Skirennläufern und gewann bei den Winter-Universiaden 1966 bis 1968 drei Gold- und zwei Silbermedaillen. Nach einem Unfall beim Training zur Winterolympiade stieg er in das Rennauto und siegte weiter. »Brilliant Bob« fuhr jedes Auto schnell, und er liebte Porsche. Mit dem bärigen 935 ging er ebenso souverän um wie mit den 956 und 962, deren Kurvengeschwindigkeiten manche zu Tode erschreckten. 1982 und 1983 hieß der Deutsche Rennsport-Meister Wollek. Vier Mal gewann er auf 962 die 24 Stunden von Daytona. Wollek war berühmt für seinen einfühlsamen Umgang mit den Autos, und keiner hat je verstanden, warum er so wenig Sprit verbrauchte.

Nur seinen persönlichen Achttausender hat er nie bezwungen: die 24 Stunden von Le Mans. 30 Mal startete Wollek zwischen 1968 und 2000. Manchmal kam er der Erfüllung seines Traums ganz nah – immer auf Porsche. 1978, 1995 und 1996 war er Zweiter, 1981 Dritter. 1997 lag Wollek in Führung, als das Heck seines 911 GT1 nach einem Ausrutscher irgendwo anschlug und die Antriebswelle brach – die Mechaniker führten ihn danach wie einen schwer kranken Mann durch das Fahrerlager. Ein Jahr später war er Zweiter. Am 16. März 2001 fuhr Wollek auf dem Rennrad vom Hotel zum Sebring International Raceway. So hielt sich der 57-Jährige fit. Ein Wohnmobil traf ihn von hinten, Bob Wollek starb am Unfallort.

___ Bob Wollek gewann Medaillen als Skirennläufer und sammelte Erfolge im Rennwagen. Aber bei 30 Starts in Le Mans jagte er den Sieg vergebens.

RENNFAHRER

45__ Walter Röhrl
Perfekt Fahren, offen Reden

Porsche und Walter Röhrl: Die gehören zusammen. Aber Moment mal: Rallye-Weltmeister war er 1980 auf Fiat und 1982 auf Opel. 1983 hätte er es locker auf Lancia schaffen können, aber der Trubel war ihm zu viel. Dann hat Röhrl mit Audi Rallye-Geschichte geschrieben: Quattro! S1! Eine 550-PS-Fahrmaschine mit frühem Allradantrieb, nur mit göttlichen Instinkten und Reflexen zu beherrschen. Sein Markenzeichen neben überirdischer Fahrzeugbeherrschung: ein Nonkonformist reinsten Wassers. Werbeauftritte für den Hauptsponsor? »Pah, ich bin als Fahrer verpflichtet, nicht als Schauspieler.« Und Ehrlichkeit, koste sie, was sie wolle: Ein wunderbarer Vertrag mit Mercedes für 1981 platzt, weil er dem Vorstand erklärt, dass mit dem 500 SL zunächst mal kein Blumentopf zu gewinnen ist.

Und Porsche? Porsche war Röhrls Jugendliebe, die sich auf eigenwillige Weise verwirklichte. 1967: Röhrl ist 20, Sekretär und Fahrer des bischöflichen Finanzdirektors von Regensburg. Sein Bruder hat ihm gesagt: »Kauf einen Porsche. Das ist das einzig vernünftige Auto.« Also hat Walter gespart und besitzt jetzt einen 356 ohne Motor. Zum Glück steht noch ein Vierzylinder vom Bruder in der Garage. Ab 1968 fährt Röhrl Rallye, und immer wieder wird er in Porsche starten, die Freunde für ihn vorbereiten. Auch Freunde bei Porsche wie Jürgen Barth und Roland Kussmaul. 1981 haben sie für Röhrl den Elfer vorbereitet, mit dem er beim WM-Lauf in Italien um ein Haar die übermächtigen Audi Quattro besiegt hätte. Gelegentlich half Röhrl als Versuchsmann bei Porsche aus, fuhr Anfang der 80er mit Entwicklungschef Helmuth Bott einen frühen Allrad-Elfer die Turracher Höhe rauf.

Nach Jahren mit Audi unterschrieb Walter Röhrl Ende 1992 einen Vertrag mit Porsche: Entwicklungsfahrer, Repräsentant der Marke. Auch im Brot der Zuffenhausener blieb er seiner Linie treu: perfekt fahren, offen reden.

___ Porsche war Walter Röhrls Jugendliebe. Seit Ende 1992 ist der zweifache Rallye-Weltmeister mit der Jugendliebe sozusagen vermählt. Und immer noch glücklich.

— Wer den Apparat fuhr, musste mutig sein. Der 917 PA Spyder von 1969 wog ganze 775 Kilo, die der 4,5-Liter-Zwölfzylinder mit 580 PS recht zügig beschleunigte.

EXTREMISTEN

EXTREMISTEN

46__ Porsche 909 Bergspyder
Der Extremkletterer

22. September 1968, das französische Städtchen Bédoin am Fuß des Mont Ventoux, mitten in den Weinfeldern. Die grau bekittelten Porsche-Monteure schieben einen winzigen Rennwagen in ihren Opel-Blitz-Transporter. Der 909 Bergspyder hat das Finale der Berg-Europameisterschaft, den berühmten 21,6-Kilometer-Sprint rauf zur Wetterstation, zwar nicht gewonnen. Das hat Gerhard Mitter auf dem älteren, bewährten 910/8 Bergwagen besorgt und damit Porsche den neunten EM-Titel seit 1958 gesichert. Aber der 909 Bergspyder fasst auf knapp 3,45 Meter Länge, eins achtzig Breite und 71 Zentimeter Höhe zusammen, wohin der Porsche-Rennsport künftig gehen wird.

Erstens stellt der Winzling mit 384 Kilogramm Startgewicht eine Extremübung in Sachen Leichtbau dar. Die Titanfedern, den Rahmen aus dünnen Aluminiumrohren, die Beryllium-Bremsscheiben, die Silberverkabelung, die papierdünne Karosserie und den völlig abgestrippten Motor gab es ja schon beim 910/8. Aber der 909 setzt noch eins drauf. Die Spritpumpe fehlt. Stattdessen schwappen rund 15 Liter Benzin in einer Titankugel. Vor dem Start setzt ein Monteur den Sprit mit Stickstoff unter Druck. Der Druck befördert den Treibstoff zur Einspritzung. Zweitens verfügt der 909 über eine exzellente Gewichtsverteilung, denn Fahrer, Motor und Getriebe sind weit nach vorn gerückt. Für diesen Trick wanderte das Ausgleichsgetriebe mit dem Sperrdifferenzial hinter die 5-Gang-Schaltbox. Dank dieser ausgeklügelten Balance geht der 909 wie ein Wiesel um die Ecken.

Die Konfiguration ist wegweisend für spätere Porsche-Legenden wie den 908/03, aber sie erfordert vom Fahrer höchstes Vertrauen in die guten Mächte des Schicksals und in sein eigenes Können. Denn er hockt nun knapp hinter der Vorderachse, die Beine ragen nach vorn in das dürre Geflecht des Rohrrahmens. Und das mit einem 275 PS starken 8-Zylinder im Kreuz, der den 909 in 2,5 Sekunden aus dem Stand auf 100 schießt.

___ Ein kräftiger Giftzwerg war der 909 Bergspyder. 3,45 Meter lang, 384 Kilo leicht und 275 PS stark. Hier wartet Rolf Stommelen am Mont Ventoux auf den Start.

EXTREMISTEN

47__Porsche 908/03

Fahrmaschine pur

Große Rennsporterfolge feiert Porsche mit einem »Siegesposter«. Das Poster nach der 54. Targa Florio am 3. Mai 1970 vermittelt Gänsehaut. Da schießt ein hellblauer Rennwagen vor einer grauen Staubwolke auf die Kamera zu. Zwei orangefarbene Pfeile auf der flachen, breiten Karosserie zeigen in Fahrtrichtung. Der rote Helm des Fahrers mit dem weißen Kreuz sagt dem Insider: Am Steuer sitzt Jo Siffert, einer der ganz Schnellen und Unerschrockenen. Am Straßenrand eine Menschenmauer, so war das damals.

Siffert löste sich bei dieser Targa mit dem Briten Brian Redman am Steuer ab. Gegen ihren Porsche 908/03 war kein Kraut gewachsen. Porsche hatte den Spyder speziell für Kurvenorgien wie das Rennen auf Sizilien oder die Nürburgring-Nordschleife gebaut. Und nur dort wurde der Wagen 1970 und 1971 vom Werk eingesetzt. Ein äußerst kompakter Spyder mit kurzem Radstand und kleinen Überhängen, fast so breit wie lang erschien er. Die Karosserie gibt auf leichten Fingerdruck nach: schaumverstärkter Kunststoff, das ganze Gehäuse wiegt zwölf Kilogramm. Alles an diesem Auto ist auf Leichtgewicht getrimmt. Vor der Hinterachse ragen die acht Ansaugtrichter des rund 350 PS starken, luftgekühlten Drei-Liter-Boxer aus der Karosserie. Die Sitzschale thront praktisch auf der Vorderachse. Irgendwo im filigran erscheinenden Gitterrohrrahmen stehen die Pedale. Fahrer, Motor und Getriebe ganz weit vorn, das war toll für die Verteilung der rund 550 Kilogramm, die das Auto wog – und erforderte Unerschrockenheit von dem Mann am Lenkrad.

Nach dem Sieg auf Sizilien gewann der 908/03 auch am Nürburgring. 1971 brachte Porsche den kompakten Kraftprotz wieder zur Targa, musste aber nach Unfällen die Segel streichen. Am Ring hingegen war der 908/03 auch in diesem Jahr nicht zu biegen. Bis in die achtziger Jahre setzten Kunden den Wagen mit teils wesentlich stärkeren Motoren erfolgreich ein. Und bis heute schwärmen Ingenieure und Fahrer gleichermaßen von einer puren Fahrmaschine.

___ Targa Florio auf Sizilien 1970, Brian Redman im 908/03 auf dem Weg zum Sieg bei dem legendären Straßenrennen. Der Porsche wurde speziell für Kurvenorgien gebaut.

EXTREMISTEN

___ Die Schnauze eines Porsche 908/03 vom 1.000-Kilometer-Rennen auf dem Nürburgring 1970, sandgestrahlt durch den Steinschlag der anderen Rennwagen.

EXTREMISTEN

48__ Porsche 917 PA Spyder 16 Zylinder

Der Riese lernt das Laufen nicht

Porsche war 1972 und 1973 mit dem 917/10 und dem 917/30 im Canadian-American Challenge Cup – kurz CanAm – unschlagbar. Aber bevor der Siegeszug dieser Rennwagen mit ihren 12-Zylinder-Turbokraftwerken losgehen konnte, sortierte die Motorevolution einen Dinosaurier aus.

Die Story beginnt 1969, als Porsches Werksfahrer Jo Siffert erstmals CanAm-Luft schnuppert. Seine Begeisterung für die superpopulären 200-Meilen-Sprints jenseits des Atlantiks wirkt in Zuffenhausen ansteckend. Es entstehen zwei offene 917. Mit einem dieser 917 PA Spyder – PA steht für Porsche Audi Division VW North America – geht Siffert in den USA an den Start. Er schlägt sich beachtlich, aber es wird klar: Gegen die rund 670 Kilogramm leichten McLaren, Lola, Chaparral sieht selbst ein Fahrgenie wie der Schweizer mit einem 775-Kilo-Porsche kein Land. Vor allem, weil er mit 560 PS aus seinem 4,5-Liter-12-Zylinder untermotorisiert ist. Denn die Amis fahren V8-Chevrolets mit sieben Liter Hubraum und deutlich über 600 PS.

Zuffenhausen zaubert und entwickelt 1970/71 neben dem WM-Programm und Le Mans den größten Rennmotor in der Geschichte von Porsche: einen luftgekühlten 16-Zylinder 2-Ventiler mit 6,5-Liter-Hubraum und 755 PS. Drei Exemplare werden gebaut. Im August 1971 ist einer der Riesen in das Heck eines PA Spyder eingebaut. Die Testfahrer sagen: »Gute Fahrbarkeit, tolle Leistung.« Aber der 16-Zylinder wiegt 320 Kilogramm und ist 25 Zentimeter länger als ein 12-Zylinder. Der Rahmen des 917 PA Spyder muss verstärkt werden, das Gewicht des Rennwagens klettert auf 845 Kilogramm. Und wie es in der Evolution so geht, entsteht zugleich eine Alternative für denselben Zweck: ein 12-Zylinder Turbomotor mit 4,5 Liter Hubraum, der nur 270 Kilogramm wiegt und aus dem Stand 850 PS mobilisiert. Damit ist das Schicksal des 16-Zylinder-Riesen besiegelt – ein Platz im Museum.

___ Dies ist der gewaltigste Rennmotor, den Porsche je entwickelte. Der luftgekühlte 16-Zylinder mobilisierte aus 6,5 Liter Hubraum 755 PS – und wurde nie im Rennen eingesetzt.

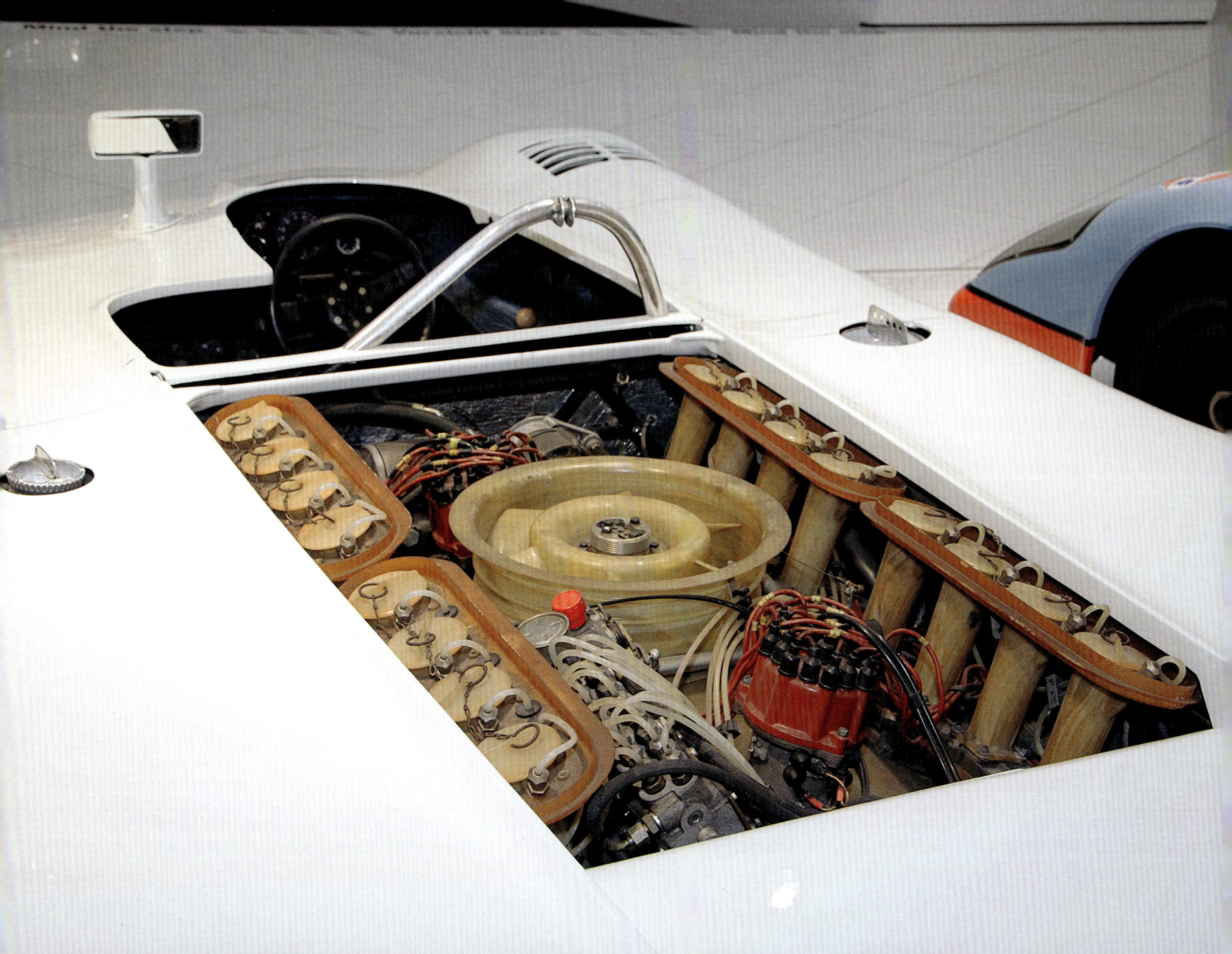

EXTREMISTEN

49__Porsche 917/30 Spyder
Das Ungeheuer

Da rieb sich auch der eingefleischte Porschefan die Augen. »Beschleunigung 0 bis 200 km/h in 5,4 Sekunden, 0 bis 300 km/h in 11 Sekunden« stand in der Beschreibung des Porsche 917/30 Spyder von 1973. Mit einer Auskunft zum Thema »0 bis 100« hatten sie sich bei Porsche Motorsport erst gar nicht aufgehalten.

Alles war gewaltig an diesem Rennwagen. Porsche hatte das Kraftpaket für die amerikanisch-kanadische CanAm-Serie gebaut, wo vollkommene technische Freiheit herrschte. »The Sky is the Limit« hieß dort die Devise, und Porsche nahm das wörtlich. Der 5,4 Liter große Zwölfzylinder des 917/30 Spyder leistete mit zwei Turboladern 1.200 PS und war trotz des riesigen Heckflügels auf der Plastikkarosserie für eine Spitze von 385 km/h gut. So viele Pferde entwickeln allerdings einen gewaltigen Durst. Entsprechend fiel der Tankinhalt mit 400 Litern großzügig aus, den Verbrauch kalkulierte Porsche mit rund 100 Litern auf 100 Kilometern. Ohne Sprit wog der 917/30 Spyder ganze 800 Kilogramm, was ein irres Leistungsgewicht von knapp 700 Gramm pro PS ergibt. Zum Vergleich: Beim ersten 911 Turbo für die Straße, den Porsche ein Jahr später vorstellte, beförderte jedes PS 4,3 Kilogramm – und schon das galt zeitgenössischen Autotestern als atemberaubend und kaum beherrschbar.

Gegen die massive Schwabenpower des 917/30 Spyder sah die US-Gegnerschaft kein Land. V8-Saugmotoren mit 8-Liter-Hubraum und 750 PS erschienen plötzlich als schwachbrüstig. Bei sechs Rennen drehte der Porsche sechs Mal die schnellste Trainingsrunde, stanzte jeweils einen neuen Rundenrekord in den Asphalt und gewann. Das war zu viel fürs US-Rennestablishment. Für 1974 ersann die CanAm ein Verbrauchslimit für Turbomotoren – also für Porsche –, was angesichts der sogenannten »Ölkrise« ja auch in die Zeit passte. So wurde das Ungeheuer nach einem ganz kurzen Leben zum Fossil.

___ Die Rennstrecke Riverside in Kalifornien, 1973. Zwei 917/30 Spyder an den Boxen. Trotz der riesigen Heckflügel erreichten die Porsche mit 1.200 PS 385 Stundenkilometer.

EXTREMISTEN

50__ Porsche 935 2.0 »Baby«

Das »Baby« mit den Siegergenen

Die Deutsche Rennsport-Meisterschaft 1977: In der »großen« Klasse sind Porsche-Kunden mangels Konkurrenz unter sich. In der »kleinen« Division mit Motoren bis zwei Liter Hubraum liefern sich Ford Escort und BMW 2002 spektakuläre Kämpfe. Hier fehlt Porsche, und bald heißt es: Die trauen sich nicht. Darauf gibt Porsche-Chef Ernst Fuhrmann die Devise aus, beim wichtigsten Rennen des Jahres auf dem Norisring in Nürnberg Flagge zu zeigen. Mit einem Turbo, denn das ist die Porsche-Domäne.

Drei Monate bleiben, um einen neuen Motor ans Laufen zu bringen und einen Elfer auf die erlaubten 735 Kilogramm abzuspecken. Für Turbomotoren gilt ein Handicap, rund 1,4 Liter Hubraum darf ein Triebwerk mit Lader in der 2-Liter-Klasse haben. Porsches Motor leistet aus 1.425 Kubikzentimetern 370 PS bei 8.000 Touren. Die Schlankheitskur für das Auto fällt radikal aus: Statt eines Stahlblechbodens hat der »935 2.0« einen Alurahmen. Leichte Rahmen nehmen auch den Tank und die Achsen auf. Eine Kunststoffkarosserie, Titan-Fahrwerkfedern und durchlöcherte Leichtmetallpedale drücken das Gewicht weiter. Die Monteure schlagen scherzhaft vor, auch die Nadel des Drehzahlmessers anzubohren. Schließlich ist der Wagen so leicht, dass die Rennabteilung tiefliegende Träger mit Blei ausgießt. Ein Name für den leichtesten Elfer mit dem kleinsten Motor ist schnell gefunden: das »Baby«.

Auf dem Norisring sitzt Jacky Ickx am Steuer – ein harter Mann, den so schnell nichts aus der Bahn wirft. Aber es herrscht eine Bullenhitze, zusätzlich heizen Motor und Getriebe das Cockpit auf. Das haut selbst Ickx um. Aber beim zweiten Anlauf am Hockenheimring schlägt Porsche zu. Ickx fährt im Training unglaubliche 2,8 Sekunden schneller als der schnellste Gegner. Das Baby gewinnt das Einstundenrennen mit 58 Sekunden Vorsprung. Porsche hat sich getraut.

___ Der Belgier Jacky Ickx fährt das »Baby« bei Backofentemperaturen am Norisring in Nürnberg 1977. Das offene Fenster half nicht. Ickx und der 370-PS-Porsche überhitzten.

EXTREMISTEN

51__Porsche 935/78 »Moby Dick«

Der stärkste aller Elfer

Der Porsche 911 ist wie ein guter Beatles-Song: Er lässt sich in unendlichen Variationen interpretieren. Die wildeste Variante entstand 1978 für die Marken-Weltmeisterschaft: der 935/78, den sie bei Porsche bald nur noch »Moby Dick« nannten. Denn wie der weiße Wal war dieser Wagen unheimlich stark und unheimlich groß (und selten, na klar, es gab nur zwei). Wenn es drauf ankam, mobilisierte sein 3,2-Liter-Biturbo – erstmals mit einem wassergekühlten Vierventilkopf – 845 PS (621 kW).

Die windschnittige Karosserie maß 4,89 Meter in der Länge, also gut 60 Zentimeter mehr als das Blechkleid eines normalen 911, außerdem war »Moby Dick« gut 30 Zentimeter breiter. Nur in der Höhe war der 935/78 um sechs Zentimeter geschrumpft, denn der Projektleiter Norbert Singer hatte (wieder mal) die technischen Regeln sehr clever gelesen. Da stand, dass die Seitenflanken der Karosserie ausgeschnitten werden durften. Beispielsweise, um Platz für seitlich austretende Auspuffrohre zu schaffen. Es stand aber nicht geschrieben, wie groß die Öffnungen sein durften. Also säbelte Singers Team gleich mal sechs Zentimeter von der Unterkante der Karosserie ab. Wie von den Regeln gefordert, blieb die Silhouette der Dachpartie unverändert. Die kleinere Stirnfläche, gepaart mit der aerodynamisch wundervollen Karosserie, führte zu einer sagenhaften Topgeschwindigkeit von 366 Stundenkilometern in Le Mans.

Überflüssig zu sagen, dass es sich bei »Moby Dick« um einen Leichtbau-Wal mit einer Kunststoffkarosserie auf einem feinen Rohrrahmen handelte. Beim ersten Auftauchen im britischen Silverstone am 13. Mai gewann 935/78 das 6-Stunden-Rennen mit sieben Runden Vorsprung. In Le Mans warfen ein Ölleck, Fehlzündungen und ein Spritverbrauch von über 90 Litern auf 100 Kilometer den Wagen auf Platz acht zurück. Noch zwei Mal wurde »Moby Dick« danach in freier Wildbahn gesichtet, dann verschwand das Monster im Porsche Museum.

___ Der »Moby Dick« war der stärkste und schnellste Rennwagen auf Basis des 911, den Porsche je an den Start brachte. 845 PS waren gut für über 360 km/h.

EXTREMISTEN

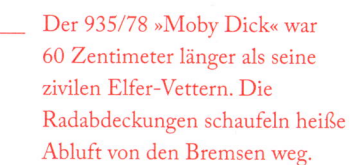

___ Der 935/78 »Moby Dick« war 60 Zentimeter länger als seine zivilen Elfer-Vettern. Die Radabdeckungen schaufeln heiße Abluft von den Bremsen weg.

EXTREMISTEN

52__ Porsche 956/962C

Dauersieger mit »Ground Effect«

27. März 1982, die Porsche-Teststrecke in Weissach. Jürgen Barth hat die ersten Runden mit einem neuen Rennwagen absolviert und ist begeistert. So perfekt verlief noch kein »Roll-out«. Und das nach nur neun Monaten Entwicklung. Dabei ist der 956 der erste Porsche mit einem Monocoque aus Aluminium: Statt aus Rohren besteht das Chassis aus vernieteten Alublechen, was hoch kompliziert ist, aber die Konstruktion unheimlich stabil macht.

Und der 956 geht um die schnellen Kurven ... so was hat Barth in seinem Rennfahrerleben noch nicht gehabt. Die Mechaniker checken den 630-PS-Flachmann durch: alles okay. Aber was ist das? Dreck, Gras, kleine Steinchen am Unterboden. »Jürgen, bist du irgendwo abgeflogen?« Jürgen ist nicht, sondern der 956 hat genau das getan, was der Projektleiter und Aerodynamikguru Norbert Singer erwartete: Ab ungefähr 180 baute sich unter dem Wagen durch einen speziell geformten Boden ein so starker Unterdruck auf, dass der Abtrieb das Gewicht des Porsche glatt verdoppelte. Zu 800 Kilogramm Fahrzeugmasse kamen üppige 800 Newton Abtrieb. »Ground Effect« hieß das und war für Sportwagen eine Revolution. Ein paar Tage später hatten die Rennfahrer Jacky Ickx und Jochen Mass auf dem Circuit Paul Ricard in Südfrankreich ein weiteres Aha-Erlebnis: Der Mega-Abtrieb und die Kurvengeschwindigkeiten forderten selbst von diesen furchtlosen Männern Überwindung. Es dauerte eine Weile, bis sie in den schnellen Kurven am Gas blieben.

Der 956 war ein großer Wurf, genau wie sein Nachfolger 962C, der ab 1985 in der Weltmeisterschaft mit längerem Radstand und 700 PS aus einem Drei-Liter-Motor startete. Die Bilanz ist überwältigend: sechs Le Mans-Siege zwischen 1982 und 1987, fünf Fahrer-Weltmeisterschaften, vier Marken- und eine Team-WM. Ab 1987 wandte sich Porsche anderen sportlichen Spielfeldern zu. Aus dem Revoluzzer 956 wurde ein viel geliebtes Museumsstück.

___ Ab circa 321 Sachen könnte der 956 Langheck dank seines Abtriebs unter der Decke fahren. Im Porsche Museum helfen kräftige Dübel.

EXTREMISTEN

53__ TAG Turbo V6 made by Porsche

Zwerg mit Riesenkräften

Der 5,4-Liter-Biturbo des Porsche 917/30 von 1973 leistete 1.200 PS und wog 280 Kilogramm. Im August 1983 startete ein McLaren-Formel 1 beim Grand Prix der Niederlande mit einem Porsche-Motor, der dagegen zwergenhaft erschien.

Der TAG Turbo made by Porsche war ein V6 mit 1499 Kubikzentimetern Hubraum und einem Gewicht von 150 Kilogramm. Aber dieser Winzling mobilisierte 720 PS. Am Ende des Jahres würden es bis zu 1.040 Pferdestärken sein. Die Leistung pro Liter Hubraum betrug beim 12-Zylinder-Monster von damals etwa 222 PS, beim Formel-1-Zwerg waren es unglaubliche 693 Pferdestärken. Porsche-Motorenmann Hans Mezger hatte beide Motoren mit seinem Team konstruiert und beim TAG-Motor die Fortschritte der Technologien, Materialien und der Elektronik clever genutzt. Durch speziell für den V6 erfundene Kühlungsverfahren musste kein Benzin geopfert werden, um die Motortemperaturen niedrig zu halten, wie es die Konkurrenz von Alfa Romeo, BMW, Renault und Ferrari tat. Geringe Reibungsverluste und ein präzises elektronisches Motormanagement trugen zur Topleistung bei einem niedrigen, gut zu kalkulierenden Verbrauch bei. Anders als die Gegner startete McLaren deshalb ohne eine Sicherheits-Spritreserve. Ein großer Vorteil in der Formel 1, wo jedes Gramm zu viel ist.

Der Porsche-Motor, finanziert von dem Geschäftsmann Mansour Ojjeh und seiner Firma Techniques d'Avant Garde (TAG) und das Chassis des McLaren MP4 erwiesen sich als erfolgreiche Kombination. Im ersten vollen Rennjahr 1984 gewann McLaren-Porsche bei 16 Starts zwölf Grands Prix. McLaren-Fahrer Niki Lauda wurde Weltmeister vor seinem Teamkollegen Alain Prost. 1985 hieß der Weltmeister Alain Prost, erneut holte McLaren den Konstrukteurspokal. 1986 ging die Geschichte des kleinen V6-Extremisten nach 25 GP-Siegen mit einer weiteren Weltmeisterschaft für Prost zu Ende.

___ Kompakt war er, bärenstark und nicht sehr durstig. Der TAG Turbo V6 made by Porsche erwies sich in der Formel 1 von 1984 bis 1986 als großer Wurf.

EXTREMISTEN

54__ Porsche 919 hybrid
Sehr kompliziert und sehr faszinierend

Porsche-Werksfahrer Brendon Hartley nannte den 919 hybrid den »komplexesten Rennwagen der Welt«. Der Le-Mans-Prototyp für die Langstreckenweltmeisterschaft gewann 2015 und 2016 die 24 Stunden von Le Mans, den wichtigsten Lauf des Championats. In der WM geht es um Geschwindigkeit und um automobile Zukunft, weshalb die Regelmacher den erlaubten Spritverbrauch mit diabolischer Freude jedes Jahr verringern und Hybridantrieb zur Pflicht machten. Dabei gilt: Je mehr elektrische Energie pro Runde gewonnen und in Vortrieb verwandelt wird, desto weniger Benzin darf der Verbrennungsmotor schlucken.

Porsche stieg in der höchsten »Megajoule-Effizienzklasse« ein. Das bedeutet: viel Elektro, wenig Benzin. Die Weissacher kombinierten einen V4-Direkteinspritzer mit 2-Liter-Hubraum, Turbo und rund 500 PS mit einer 400 PS starken E-Maschine. Der V4 treibt die Hinterachse, der E-Motor die Vorderräder an. Einzigartig war Porsches Idee zur Stromgewinnung: An der Vorderachse wird beim Bremsen kinetische Energie abgenommen und in Strom verwandelt. Im Abgastrakt treibt eine Turbine einen Generator an, der zusätzlich Power in die Lithium-Ionen-Batterie liefert. Elektronik dirigiert das komplizierte Zusammenspiel der Motoren, Bremsen, Ladegeräte, Batterie, Kraftverteilung. So entstand ein 875-Kilogramm-Rennwagen mit intelligentem Allradantrieb und knapp unter 1.000 PS. Das alles hört sich staubtrocken an, ist aber das reinste Spektakel, wenn der 919 hybrid aus den Kurven beschleunigt oder mit 340 Sachen eine Schikane anbremst.

Knapp über 34 Liter Benzin verbrauchte der Porsche bei der Siegfahrt 2015 in Le Mans auf 100 Kilometer mit einem Schnitt von 224,2 Stundenkilometern. Verdammt gut, fanden die Regelmacher, aber nicht gut genug. Und gestanden den Ingenieuren für 2016 acht Prozent weniger Sprit zu. Porsche gewann erneut.

___ Auf und davon: Mit diesem 919 hybrid gewann Porsche 2015 die 24 Stunden von Le Mans. Mit einem E-Motor und einem Verbrenner ging es mit 1.000 PS voran.

EXTREMISTEN

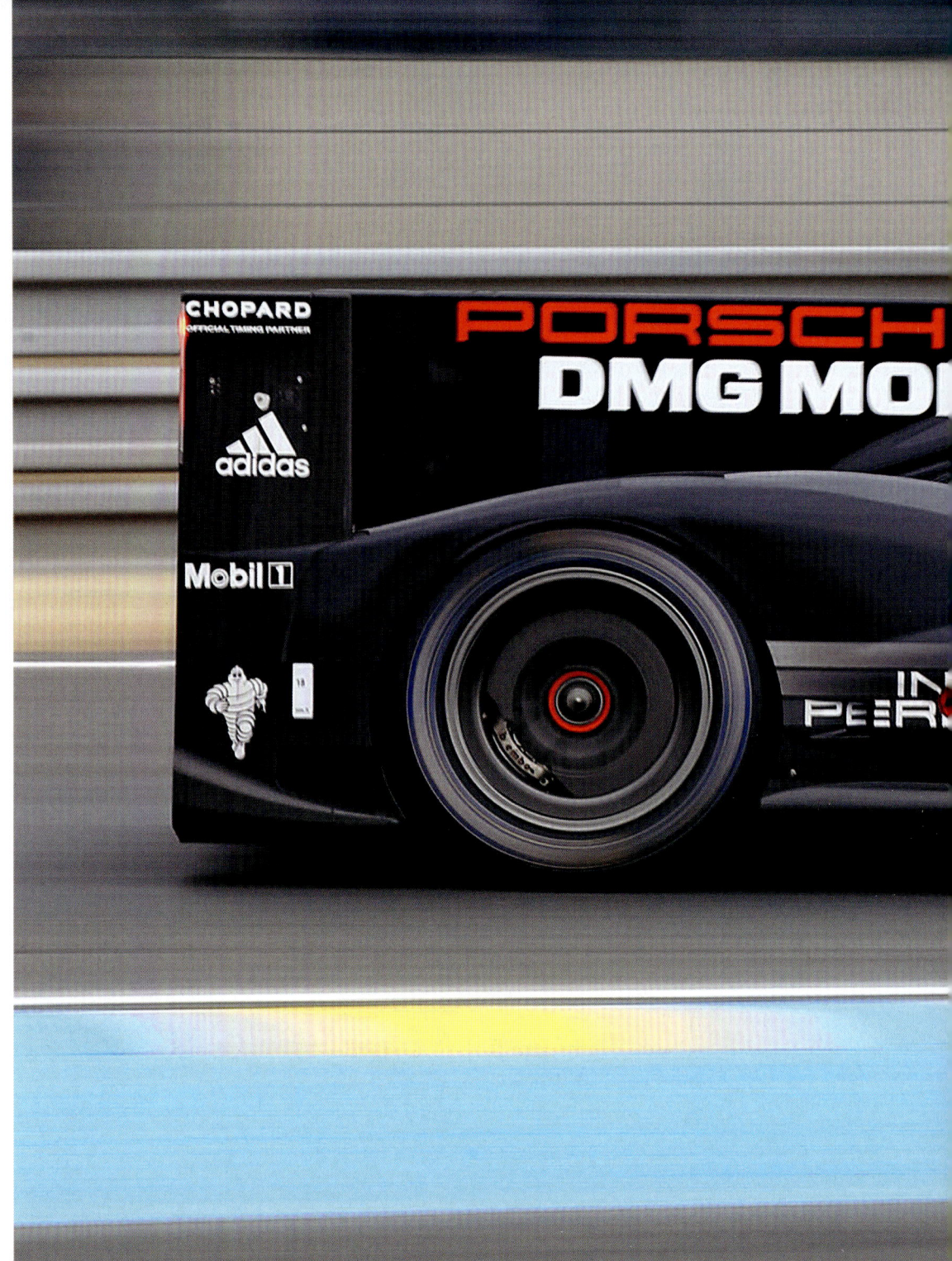

___ 24 Stunden von Le Mans 2015: Wo sind nur die schönen alten, schnittigen Karosserien geblieben? Der Windkanal fordert eine eigenwillige Ästhetik.

_____ Showtime an der Porsche-Box in Le Mans 1967, die jungen Damen werben für eine Reifenfirma. An der Boxenmauer standen allerdings auch die großen Rennstrategen …

AN DER BOXENMAUER

AN DER BOXENMAUER

55__ Fritz Huschke von Hanstein

Weltmann und PR-Genie

Das 24-Stunden-Rennen in Le Mans 1953. Der kleine 550 RS Spyder spielt zwar keine Rolle im Kampf um den Sieg, aber die Presse geht bei Porsche ein und aus. Huschke von Hanstein, seit einem Jahr Pressechef und Rennleiter, hat einen Fauxpas des Veranstalters clever genutzt. Es gab zu wenig Arbeitsplätze für die Journalisten. Die richtete Hanstein in einer Porsche-Box ein.

Ein Jahr später zischt ein 550 Spyder bei der Carrera Panamericana in Mexiko auf Platz drei, Sponsorenschriftzüge zieren die Alukarosserie. Ein Novum im Rennsport, eingefädelt durch von Hanstein. Auch der Start des Porsche 911 bei der Rallye Monte Carlo 1965 ist in erster Linie als Überführungsfahrt zum Fürsten gedacht, dem Hanstein den Wagen schmackhaft machen will. Dass der italienische Baron Pucci gelegentlich auf Werks-Porsche Rennen fahren darf, hat weniger mit seinem Fahrtalent zu tun als vielmehr mit von Hansteins Wissen: »Solange der für uns fährt, werden uns in Italien keine Autos geklaut.« Und als in den sechziger Jahren ein Technischer Kommissar in Le Mans einem Porsche die Zulassung zum Start verweigern will, weiß von Hanstein, dass der Mann Geburtstag hat. Glückwunsch, Plausch, vielleicht ein kleines Präsent … und der Porsche startet.

Huschke von Hanstein: ein weltgewandter Gentleman, der selbst Rennen gewann, Meisterschaften und Weltrekorde holte, trug bis zum Ende der sechziger Jahre entscheidend zum Bild der Firma in der Öffentlichkeit bei. Ein Meisterdiplomat, ein leidenschaftlicher Kommunikator, dem seine Rennfahrer einen goldenen Telefonhörer verehrten. Der 1956 seinen Spitznamen »Huschke« als offiziellen Vornamen eintragen ließ. Denn Fritz Sittig Enno Werner Baron von Hanstein, der er seit seiner Geburt am 3. Januar 1911 in Halle an der Saale war, erschien ihm wohl doch als etwas sperrig. Der »Rennbaron« verstarb am 5. März 1996 in Stuttgart.

___ Stets formvollendet, stets Gentleman: Von 1952 bis 1968 prägte Huschke von Hanstein als Pressechef und Renndirektor das Image von Porsche entscheidend mit.

AN DER BOXENMAUER

56__ Wilhelm Hild

Der Mann mit der Kippe

Das ließ er sich nicht nehmen. Auch bei den größten und wichtigsten Rennen betankte Wilhelm Hild die Rennwagen des Werks selbst. Meistens im langen Mantel, mit Hut auf dem Kopf und mit Hornbrille. Manche sagen: mit Zigarette. Aber das ist wohl eher eine Legende. Tatsache ist, dass Hild leidenschaftlich rauchte und seine Zigaretten vor dem Anzünden aus Sparsamkeit in der Hälfte abbrach. Die Hauszeitschrift »Christophorus« kommentierte ein Foto aus den fünfziger Jahren mit dieser Bildunterschrift: »Eine seltene Aufnahme, denn auf diesem Bild ist Ing. Hild ohne Zigarette zu sehen ...«

Ingenieur Hild, am 13. Mai 1909 geboren, kam 1943 von der Auto Union, wo er für DKW Rennmaschinen konstruiert und eingesetzt hatte, zu Porsche. In Zuffenhausen ging es für Hild unter dem Entwicklungschef Karl Rabe erst einmal um Dieselmotoren und Traktoren. Als das Konstruktionsbüro 1944 nach Gmünd übersiedelte, zog Hild mit, brachte den Porsche-Diesel-Schlepper voran, blieb aber auch dem Rennsport treu. Er hatte maßgeblichen Anteil am Entstehen des Kompressormotors für den Cisitalia-Grand-Prix-Wagen.

Mit der Rückkehr nach Stuttgart beginnt Wilhelm Hilds Geschichte als erster Renningenieur bei Porsche. Der Renningenieur war der Mann, der in der Versuchsabteilung den Aufbau, die Tests und die Einsätze der Rennwagen verantwortete – der technische Kopf der Rennerei, wenn man so will. Hild stand hinter den ersten 356-SL- und 550-Coupés in Le Mans, dem Formel-2- und dem Formel-1-Typ 804 aus den frühen sechziger Jahren. Er leitete die Expeditionen nach Sebring, Daytona, zur Targa Florio. Hild tat das auf seine Weise. Sein Nachfolger Peter Falk erinnerte sich: »Auch bei den längsten Fahrten unserer Transporter nach Sizilien fuhr am Schluss des Konvois immer ein 356. Darin saß Hild, der auf diese Art und Weise alles im Blick hatte.« Wilhelm Hild verstarb am 27. August 1973.

___ Wilhelm Hild (r.) und Hans Mezger am Nürburgring 1962. Hild war ein Mann der ersten Stunde bei dem Sportwagenbauer und Porsches erster leitender Renningenieur.

AN DER BOXENMAUER

57_Peter Falk
Stiller Rennchef mit großem Erfolg

Peter Falks Bewerbung an Porsche umfasste knapp 15 Zeilen. Jahrgang 1932, Diplomingenieur von der TH Stuttgart, Spezialgebiet Fahrwerk, Motorsporterfahrung. Falk machte nie viele Worte. Porsche stellte ihn ein.

Ab Herbst 1959 war der Fahrversuch sein Zuhause, also jene Abteilung, die in endlosen Tests aus Sportwagen-Rohlingen begeisternde Autos macht. Falk gehörte zur kleinen Truppe, die den 911 ans Laufen brachte. Und da der Fahrversuch auch Porsches Rennabteilung war, konnte Falk seiner zweiten Passion treu bleiben. Ab Herbst 1964 leitete er die Vor- und Rennentwicklung und setzte bis zum Ende der 60er die Ideen des Technikchefs Ferdinand Piëch in Siege und Titel um. Ab 1970 übernahm Falk die Leitung des Fahrversuchs, musste in der Entwicklung der Rennwagen zurückstecken, blieb aber als Erfolgsregisseur an den Strecken. Ab 1981 baute er die erste nur dem Rennsport gewidmete Abteilung auf. Von 1982 bis 1988 gewann die Rennabteilung unter Falk mit dem Rennwagen 962C vier Langstrecken-Weltmeisterschaften, fünf Team- und Fahrerweltmeisterschaften und vier 24-Stunden-Rennen in Le Mans. Porsche siegte zweimal bei der Rallye Paris–Dakar. Der TAG-Motor trieb McLaren zu drei Fahrer- und zwei Konstrukteurstiteln, und das sind nur die wichtigsten Erfolge.

Nie wieder hat Porsche ein solches Rennprogramm gestemmt. Ende der 80er gingen die Geschäfte schlechter, der Sport musste hintanstehen. Also widmete sich Falk wieder den Serienwagen, die nächste Elfergeneration – 993 – brauchte ein neues Fahrwerk, so schloss sich der Kreis. Als Junge hatte er seinem Siku-Laster anständige Federwege verpasst, als Lehrling war Falk auf einem Drahtesel mit selbst konstruierter Vollfederung »zum Daimler« geradelt. Ende 1992 nahm er mit 60 seinen Abschied. Ein Versprechen an seine Frau Ruth, die einmal gesagt hatte: »Mein Mann ist mit Porsche verheiratet.«

___ Le Mans 1983: Peter Falk (r.) verkündet die Marschrichtung. Es lauschen (r.–l.) Entwicklungschef Helmuth Bott sowie die Renningenieure Norbert Singer und Klaus Bischof.

AN DER BOXENMAUER

58__ Hans Mezger
Ließ die Pferde galoppieren

TAG Turbo Made by Porsche und Hans Mezger. Der Formel-1-Motor, mit dem das McLaren-Team zu 25 Grand-Prix-Siegen fuhr, der Niki Lauda 1984 und Alain Prost 1985 und 1986 zu Weltmeistertiteln katapultierte. Und der Konstrukteur, der dieses technische Meisterwerk erfand. Hans Mezger ist ein Porsche-Mann durch und durch.

Nach dem Maschinenbaustudium fing der frischgebackene Diplom-Ingenieur am 1. Oktober 1956 in Zuffenhausen an. Da war er 26 Jahre alt. Mezger blieb sein ganzes Berufsleben oder 37 Jahre lang der Firma treu. Fans und Fachleute kennen und schätzen ihn für sein Formel-1-Kraftwerk. Allerdings setzte der Konstrukteur schon vorher Meilensteine in der Motorenentwicklung. Er gehörte mit Ferdinand Piëch zu dem kleinen Team, das den Sechszylinder-Boxermotor mit Trockensumpfschmierung für den ersten 911 konstruierte. Ein Motor, der wie der Elfer ein ungeheures Entwicklungspotenzial in sich trug und bis ins 21. Jahrhundert modern blieb. Als Ferdinand Piëch 1968 mehr oder weniger im Alleingang das finanziell und technisch höchst riskante sowie sportlich dann überwältigend erfolgreiche Projekt des Rennwagens 917 anschob, leitete Mezger das Konstruktionsteam und zeichnete mit seinen Leuten unter der harmlos anmutenden Typnummer 912 den stärksten Rennmotor, den Porsche je gebaut hatte. Eine weitere Steigerung der PS-Zahlen brachte Porsches Engagement in der amerikanischen CanAm-Serie ab 1972, wo Hans Mezger als Konstrukteur und Valentin Schäffer auf der Versuchsseite die Turbo-Technik neu definierten und Porsche zum Dauersieger machten.

Die Erfolge im Rennsport öffneten die Tür für einen weiteren Porsche-Coup: den 911 Turbo, der als erster deutscher Supersportwagen Geschichte schrieb. Turbotechnik blieb für Porsche der Schlüssel zum Erfolg. Hans Mezger ging 1993 in den Ruhestand. Er blieb bis zu seinem Tod im Juni 2020 ein hoch geachteter Interviewpartner.

___ Hans Mezger (l.) – hier in Weissach 1983 – wurde im Motorsport vor allem durch die Konstruktion des 12-Zylinder für den Porsche 917 und den TAG-Turbo Formel-1-Motor berühmt.

AN DER BOXENMAUER

59__Jürgen Barth

Diplomatie im Renntempo

Das musste ja so kommen! Jürgen Barths Vater Edgar war einer der besten deutschen Rennfahrer und gewann für Porsche neben der Targa Florio drei Mal die Europa-Bergmeisterschaft: 1959, 1963 und 1964. Jürgen zählte zehn Lenze, als sein Vater Edgar ihn 1957 auf der Nordschleife erstmals an den Lenker eines 356 ließ. Logisch, dass Jürgen bei Porsche ab 1963 sein Handwerk von der Pike auf lernte: KFZ-Schlosser, Industriekaufmann, Diplom-Techniker. Mit 22 agierte Barth bereits als Assistent des Presse- und Sportchefs Huschke von Hanstein. Wie sein Chef, fuhr Barth Rallyes und Rennen. Bei von Hanstein erlernte Barth die hohe Schule der Motorsportdiplomatie: den Umgang mit Sportbehörden, Teamchefs, Sponsoren.

Bald vertrat er Porsche rund um den Globus, stieg aber auch immer wieder ins Cockpit, fuhr alles vom 911 über den 908/03 bis zum 917. 1977 gewann Barth Le Mans. Mit Samthandschuhen und eisernen Nerven trug er einen todkranken Porsche 936 über die letzten zwei Runden ins Ziel. Ab 1982 leitete Barth den Kundensport. Typisch für den Allrounder war Le Mans in diesem Jahr. Er organisierte vor Ort den Werkseinsatz, glättete einen Krach mit dem Hauptsponsor, weil die Teamklamotten im Zoll hingen. Als nachts um zwei Uhr dem Fahrer Hurley Haywood der Dampf ausging, übernahm Barth das Lenkrad, brachte den zurückgefallenen 956 nach vorn und schaffte den Anschluss an zwei führende Teamkollegen: Dreifachsieg. 1992 war Barth einer der drei Männer, die eine GT-Rennserie ins Leben riefen und damit die Renaissance der Sportwagen auf der Rennstrecke einläuteten. Er war 1994 einer der Organisatoren des ersten internationalen Autorennens in China.

Auch im 21. Jahrhundert gestaltet Barth in Gremien und Organisationen den Rennsport mit. Aber so richtig glücklich sieht er aus, wenn er den Rennanzug überstreift und ins Cockpit eines der alten, herrlichen Rennwagen eintaucht.

___ Jürgen Barth verspritzt den Siegeschampagner in Le Mans 1977. Er gewann das Rennen zusammen mit Hurley Haywood (r.) und Jacky Ickx (2. v. l.)

AN DER BOXENMAUER

60 Norbert Singer
Der mit dem Wind rechnet

Norbert Singer, Jahrgang 1939, war immer für Überraschungen gut. Luft- und Raumfahrttechnik hatte er in München studiert, dazu Fahrzeugtechnik. 1970 kam der junge Dipl.-Ing. zu Porsche.

Berühmt wurde Singer durch seine Kunst, technische Regeln so auszulegen, dass selbst die Verfasser staunten und Porsche Rennen gewann. Auch sein Genie im Umgang mit dem Fahrtwind brachte Porsche etliche Weltmeistertitel. Da war der 935 mit dem doppelten Heckfenster – eins über dem anderen, wodurch der Hintern des Renn-Elfer sehr strömungsgünstig wurde. Im Regelbuch stand: Das Heck darf nicht verändert werden. Dort stand aber nicht: Man darf nix drüberbauen. Ergebnis: fünf Marken-Weltmeisterschaften.

Und da war der 935/78 »Moby Dick«, bei dessen Anblick selbst Porsche-Mitarbeiter fragten, was das denn nun sei. 1982 entwickelte ein Ingenieursteam um Singer die nächste Revolution: Der Porsche 956 erreichte durch seine spezielle Aerodynamik bis dahin unmögliche Kurvengeschwindigkeiten. Der »Ground Effect«-Rennwagen gewann bis 1986 zehn Weltmeisterschaften. 1996 schickte Singer als Projektleiter den ersten 911 mit Mittelmotor auf die Rennstrecke.

Auch als Rennstratege machte sich Norbert Singer in unzähligen Tagen und Nächten an den Strecken rund um die Welt einen Namen. Und als Mentor junger Rennfahrer, gesegnet mit unendlichem Wissen und sehr viel Geduld. Aber auch die kam mal zu ihrem Ende. Bei Porsche erzählen sie noch immer die Anekdote von dem Rennfahrer, der im entscheidenden Training nicht auf gute Zeiten kam. Singer baute alles am Auto um und wieder zurück. Schließlich fragte der Rennfahrer verzweifelt: »Was soll ich denn noch tun?« Singer schaute ihn eine Weile an und sagte: »Junge, einfach mehr Gas geben.« Im Dezember 2004 nahm Norbert Singer seinen Abschied und genießt bis heute Respekt und die Zuneigung im Motorsport.

___ Norbert Singer (l.) ersann Siegertypen wie den 956 und den 935 und galt zudem als gewiefter Rennstratege. Hier im Gespräch mit Hans-Joachim Stuck (M.) und Rolf Huber.

Ein Schmuckstück zum Geburtstag. Ferry Porsche schenkte seiner Schwester Louise Piëch den ersten Elfer Turbo zum 70. im Jahr 1974. Gefeiert wurde in Dellach am Wörthersee.

FAMILIENSCHMUCK

FAMILIENSCHMUCK

61__ Porsche 356 1100 Coupé »Ferdinand«
Langes Autoleben

Ab März 1950 entstehen in Stuttgart-Zuffenhausen die ersten Porsche-Sportwagen nach der Rückkehr des Betriebs aus Gmünd in Kärnten, wohin die »Porsche Konstruktionen GmbH« im Herbst 1944 verlegt worden war. Bis zum Jahresende baut das nun wieder als »Dr. Ing. h.c. F. Porsche KG« firmierende Unternehmen mit 108 Mitarbeitern 369 Exemplare des 356.

Einer dieser ersten 356 mit Stahlblechkarosserie – die wenigen Gmünder Porsche hatten Aluminiumkarosserien – ist das Coupé mit der Chassisnummer 5056. Ferdinand Porsche erhielt den Wagen mit serienmäßigem 1,1-Liter-Boxermotor und 40 PS als Geschenk zu seinem 75. Geburtstag am 3. September. Der Patriarch verstarb im Januar 1951. Das rund 140 Stundenkilometer schnelle Coupé legte in den kommenden acht Jahren gut 300.000 Kilometer als Testwagen zurück. Alle Testwagen trugen damals bei Porsche Namen. Es gab den »Windhund«, den »Adrian« – und jetzt eben auch den »Ferdinand«. Wie sein Namensgeber war das Auto technischen Neuerungen gegenüber höchst aufgeschlossen. Im »Ferdinand« testete Porsche zum Beispiel einen Querstabilisator und eine Zahnstangenlenkung, die erst 1965 im 911 in Serie gehen sollte. »Ferdinand« rollte 1955 für Testfahrten auf den damals wegweisenden Gürtelreifen und wurde als erster Porsche 356 zeitweise sogar von einem »Carrera-Motor«, dem für den Rennsport konstruierten Viernockenwellen-Triebwerk, befeuert.

An »Ferdinands« wechselhafte Geschichte und vielfältige Variationen als »rollendes Versuchslabor« erinnert heute noch die nachträglich eingebaute Lenkradnabe mit dem Porsche-Wappen, das erst 1952 entworfen wurde und ab 1954 serienmäßig in den Sportwagen auftauchte. Kenner erfreut auch der Schaltknauf aus Balsaholz, den Porsche beim 2002 präsentierten Supersportwagen Carrera GT als Stilelement zitierte. Heute steht »Ferdinand« im Porsche Museum in Stuttgart.

___ Ferdinand mit Ferdinand: Der Namensgeber (l.) hat sein Geburtstagsgeschenk 1950 über staubige Straßen auf den Katschbergpass in Österreich gefahren.

FAMILIENSCHMUCK

62 Porsche 911 Turbo Nr. 1

Schottenkaro und 260 Pferde

Dieses einzigartige Stück Familienschmuck verehrt Ferry Porsche seiner Schwester Louise Piëch zu ihrem 70. Geburtstag. Eine Plakette auf dem Handschuhfach trägt die Gravur: »LP Turbo-Porsche No. 1 Stuttgart-Zuffenhausen 29. August 1974.«

Der erste straßenzugelassene 911 Turbo stellt eine Übung in Sachen Understatement dar. Die silberne Karosserie entspricht dem Blechkleid des 911 Carrera und kommt folglich ohne die Kotflügelverbreiterungen des späteren 911 Turbo aus. Der Motordeckel trägt den »Carrera«- statt des »Turbo«-Schriftzugs. Nur der große Heckflügel entspricht dem Brachialsportler, den Porsche dann auf dem Pariser Auto-Salon im Oktober 1974 in der endgültigen Version präsentieren wird. Von dieser ist Frau Piëchs Turbo auf der Motorseite erst einmal noch etwas entfernt, denn bei der Übergabe treibt ein 240 PS (176 kW) starker 2,7-Liter-Saugmotor das Schmuckstück an – eine leistungsgesteigerte Variante des Motors aus dem berühmten 911 Carrera RS 2.7. Der Sauger wird allerdings bald dem echten Turbotriebwerk mit 3-Liter-Hubraum und 260 PS (196 kW) weichen. Der Porsche-Schriftzug auf den Flanken ist mit einem Schottenkaro unterlegt, das sich im Interieur wiederholt. Das anheimelnde Rot steht im interessanten Kontrast zum Drehzahlmesser, dessen Skala bis zu furchterregenden 10.000 Umdrehungen reicht und eine Reminiszenz an jenen 911 Carrera RSR Turbo 2.1 darstellt, der seit April in der Marken-Weltmeisterschaft für Furore sorgt und in Le Mans im Juni 1974 auf den zweiten Platz fuhr.

Louise Piëch ist nicht nur eine höchst erfolgreiche Geschäftsfrau, sondern auch Kunsthistorikerin und Malerin. Sie liebt es, mit ihrem Sportwagen besonders schöne Gegenden ihrer Heimat Österreich zu bereisen und gleich im Cockpit zum Pinsel zu greifen. Dies ist der Grund, warum der »Turbo-Porsche No. 1« anders als die künftigen Serien-Sportwagen keine getönten Scheiben hat.

___ Brachialsportler mit Blumengebinde. Ferry Porsche schenkte 1974 seiner Schwester Louise Piëch den ersten 911 Turbo zum Geburtstag. Hier die Vorbereitung für die offizielle Übergabe.

FAMILIENSCHMUCK

63__914/8

Dr. Jekyll für die Doctores Porsche & Piëch

Diesem Dr. Jekyll war der Mister Hyde kaum anzusehen. Es sei denn, man kannte sich mit dem Porsche 914 genauer aus. Ja, die Radhäuser waren dezent vergrößert. Und diese ovale Öffnung im Bug, dahinter ein Ölkühler. Wer näher herantrat, kam ins Grübeln: Das Dachteil bestand nicht aus dem gängigen Kunststoff, sondern aus Metall. Und es war mit dem Windschutzscheibenrahmen und dem Überrollbügel verschweißt. Alles dezent gemacht, aber so viel war klar: Hier handelte es sich nicht um einen normalen VW-Porsche mit Vier- oder Sechszylinder.

Dann stieg dieser Herr mit dem leicht gewellten grauen Haar in den Mittelmotorsportwagen. Ja, war das nicht …? Doch, das war Dr. Ferry Porsche. Tür zu, er dreht den Zündschlüssel: Wow! Das klang entschieden nach Rennsport. Und das war es auch. Denn die Belegschaft hatte ihrem Chef zum 60. Geburtstag 1969 einen speziellen 914 geschenkt. Vor der Hinterachse des 914/8 S-II rumorte ein mäßig gezähmter, drei Liter großer Achtzylinder-Rennmotor, der bei 7.700 Touren 260 PS mobilisierte. Noch wilder ging es im Motorraum des 914/8 S-I von Versuchs-Chef Ferdinand Piëch zu. Hinter den Sitzlehnen werkelte eine schärfere Version des Rennmotors mit 300 Pferdestärken, die bei 8.200 Kurbelwellenumdrehungen anlagen. Nach sechs Sekunden erreichte Piëchs einzigartiger Volks-Porsche aus dem Stand 100 Stundenkilometer, Spitze über 250 km/h. Mister Hyde machte sich vor allem akustisch und mit starken Fliehkräften bemerkbar, bevor er sich beeindruckend schnell aus dem Staub machte.

In den frühen siebziger Jahren prüfte Porsche die Möglichkeit, tatsächlich einen Über-914 in Serie zu bauen. Der 916 sollte mit dem 190 PS starken Boxer des 911 S 230 Stundenkilometer schnell werden. Tatsächlich wäre das Auto viel zu teuer geworden. So blieb es bei elf Prototypen, von denen fünf ihren Platz in den Familienschatullen der Porsche und Piëch fanden.

___ Hier wird tiefgestapelt. Denn dieser Porsche 914 hat es in sich. Zum Beispiel einen Rennmotor mit 260 PS. Ferry Porsche (2. v. l.) freut sich über das Schmuckstück.

FAMILIENSCHMUCK

64__Porsche Panamericana

Exote voller Zukunft

Porsche Panamericana? Eine Studie von 1989, in zwei Exemplaren gebaut. Eines wurde Ferry Porsche zum 80. Geburtstag verehrt, das andere stand auf der Automobil-Ausstellung in Frankfurt und erregte heftige Diskussionen. Kritiker sahen eine Anhäufung von Designzitaten »ohne den Eindruck von Reife und Kohärenz und ohne ausgeglichene Proportionen«, wie ein Fachblatt bemerkte.

Die Lufteinlässe im Bug kannten die Kritiker seit dem 911R vom Ende der 60er Jahre, die Schlitze im Motordeckel stammten vom ersten 901! Das Doppelkuppeldach war von Renn-Elfern bekannt und das herausnehmbare Heckfenster von den 911 RS der Safari Rallye in den 70er Jahren. Was sollte die Lederabdeckung mit dem Reißverschluss auf dem Dach? Und diese freistehenden Buggy-Räder! Tatsächlich provozierte der Panamericana, weil er völlig anders daherkam. Und tatsächlich war der Panamericana voller Zukunft. Die Karosserie bestand teils aus kohlefaserverstärktem Kunststoff. Das herausnehmbare Dach fand sich in etwa gleicher Form, aber mit einer nach hinten fahrbaren Glasabdeckung beim 911 Targa von 1995/96 wieder. Vor der Hinterachse war die Karosserie zu einer »Taille« geschwungen – ein Designmerkmal der nächsten Elfergeneration, genau wie die flach verlaufenden vorderen Kotflügel.

Waren die kleine, speedsterhafte Windschutzscheibe, die freistehenden Räder und die Bodenfreiheit ein Gruß an die Fans edler Buggys in Kalifornien? Es wird berichtet, der 1989 zu Porsche gekommene Chefdesigner Harm Lagaaij habe eine Kleinserie gewollt, und die Westküste der USA wäre das ideale Revier für diesen Wagen mit 250 PS und dem Allradantrieb des Carrera 4 gewesen. Ende der 80er Jahre setzte mit einem schwächelnden US-Dollar allerdings eine Absatzkrise ein, die für Porsche zum Überlebenskampf werden sollte. Für die Verwirklichung von Träumen fehlte der Atem. Der Panamericana blieb ein seltener Exot.

___ Der Panamericana von 1989 sah exotisch aus und steckte voller Zukunftsideen. Auch diese Studie in Sachen Frischluft gehörte zu Ferry Porsches Familienschmuck.

Speedster: Dieses Wort verzauberte ab 1954 vor allem junge Rennsportfans in den USA. Gegen den leichten Minimal-Porsche sah die Konkurrenz aus England alt aus.

ZAUBERWORTE

ZAUBERWORTE

65— Gmünd

Flucht- und Anfangspunkt

Gmünd in Kärnten: Da sind die Hohen Tauern nah und die Nockberge, ein hervorragendes Test-Terrain für Sportwagen. Aber erst einmal kommt das Konstruktionsbüro Porsche im November 1944 auf der Flucht vor alliierten Bombenangriffen auf Stuttgart hierher. Das Rüstungskommando hatte den Umzug des kriegswichtigen Betriebs befohlen. In Gmünd bezieht Porsche das Gelände der »W. Meineke Holzgrossindustrie Berlin-Gmünd«. Das Holzwerk besteht aus vielen kleinen Gebäuden und Hallen, weshalb die rund 300 Mitarbeiter ihre neue Wirkungsstätte die »Vereinigten Hüttenwerke« nennen.

Während des Kriegs arbeitet Porsche weiter am Volkswagen, an Traktoren und Rüstungsaufträgen wie dem Kübelwagen, einer Gasturbine oder Komponenten für die »Vergeltungswaffe« V2. Für den Käfer konstruiert das Büro in Eigenregie Sportwagenvarianten, und bald nach dem Kriegsende kristallisiert sich die Zukunftsrichtung der kleinen Firma heraus: Der Karosseriemann Erwin Komenda zeichnet 1946 den viersitzigen Typ 352, der bereits die Züge des späteren Sportwagens 356 trägt. Ferry Porsche setzt die Sport- und Rennwagentradition seines Vaters fort und konstruiert für den italienischen Industriellen Piero Dusio 1947 den Grand-Prix-Rennwagen Typ 360. Im Sommer des Jahres nimmt der Typ 356 »VW Sportwagen« auf dem Reißbrett erste Formen an. Und im Sommer 1948 ist 356 Nummer 1 fahrbereit, wobei der Mittelmotor-Roadster ein Einzelstück bleibt. Die Herstellung der ersten Kleinserie von 52 heckgetriebenen Porsche 356 mit handgedengelten Aluminiumkarosserien – und teils mit Teilen von gestrandeten Kübelwagen – startet wenig später. So ist der erste Schritt vom Konstruktionsbüro zum Sportwagenhersteller getan.

Ab 1950 kehrt Porsche nach Stuttgart zurück, im März 1951 schließen sich die Tore der »Vereinigten Hüttenwerke«. Heute erinnert ein privates Museum in Gmünd an die Porsche-Zeit.

___ In Gmünd baute Porsche die ersten Sportwagen der Reihe 356. Im Hintergrund steht der 356-001, vorn ein 356/2 Coupé: ein Foto, zwei Klassiker.

ZAUBERWORTE

66__ Carrera

Ehrentitel für ganz besondere Porsche

Das spanische Wort Carrera hat viele Bedeutungen: vom »Balken« über die »Laufmasche« und das »Studium« bis zu Damen mit eher zweifelhafter Einkommensquelle. Beim »Kolbenhub« kommen wir unserem Thema schon sehr nah. Für uns steht Carrera nämlich für Autorennen und ganz spezielle Porsche.

Das kommt so: Die Carrera Panamericana wurde 1954 zum fünften und letzten Mal gefahren. Als sechster Lauf der Marken-Weltmeisterschaft führte dieses irre Straßenrennen über 3.070 Kilometer von Tuxtla Gutiérrez im Südosten Mexikos bis Ciudad Juárez an der US-Grenze. Der Italiener Umberto Maglioli gewann im Werks-Ferrari mit einem Fünf-Liter-Motor, 330 PS und einem Schnitt von 173,7 km/h vor einem weiteren Hubraumriesen aus Maranello. Und dann kam die Überraschung: Hans Herrmann brachte einen Porsche 550/1500 RS Spyder auf Platz drei! Ein neu entwickelter Rennmotor mit 1,5-Liter-Hubraum und 110 PS beschleunigte den kräftigen Hans und seinen 550-Kilogramm-Winzling auf 220 Spitze. Herrmann schaffte mit dem wendigen Mittelmotor-Flitzer unglaubliche 157 km/h im Schnitt. Das musste er auch, denn der Guatemalteke Jaroslav Juhan auf dem zweiten Porsche des Werksteams hing dem Schwaben im Nacken und wurde nach fünf Tagen mit 36 Sekunden Rückstand Vierter vor zwei weiteren Ferrari. Zuhause in Stuttgart war die Begeisterung groß.

Für spezielle Kenner und Könner rüstete Porsche 1955 einen Straßensportwagen vom Typ 356 A mit dem von Dr. Ernst Fuhrmann entwickelten Rennmotor des Mexiko-Siegers aus und nannte den Ofen 356A 1500 GS Carrera. Bis zum 906 Carrera 6 von 1966 lebte die Tradition, alle Porsche mit dem hochdrehenden Renntriebwerk als »Carrera« zu bezeichnen. Nachdem der ursprüngliche Carrera-Motor Ende der 60er Jahre abgelöst wurde, erteilt Porsche mit dem Titel »Carrera« ganz besonderen Sportwagen den Ritterschlag. Der erste war der 911 Carrera RS 2.7 von 1972.

___ Rennfahrer Hans Herrmann hat gut Lachen: mit dem Carrera-Motor vor der Hinterachse wurde sein 550 Spyder zum Favoritenschreck.

ZAUBERWORTE

67__ Porsche Speedster
Yoga-Kurs von Vorteil

Speed + Roadster = Speedster: ein Wort mit magischer Wirkung auf Porsche-Fans. Denn Speedster bündelte brennglasgleich die pure Porsche-Philosophie vom schnellen Autofahren. Ein Porsche Speedster war leicht und schnickschnackfrei, hatte tolle Bremsen und anständig Dampf – aber keine Heizung, kein Handschuhfach, keine anständig gepolsterten Sitze oder Kurbelfenster. Die Seitenscheiben steckten in der Karosserie, die kleine Windschutzscheibe war aufgeschraubt. Das winzige Stoffverdeck hielt Windböen, aber keinesfalls Regen ab.

Die Idee zum Speedster hatte Max Hoffman. Der US-Importeur brauchte einen billigen Einstiegs-Porsche. Da »Maxie« 1954 ein Drittel der Porsche-Produktion verkaufte, bekam er in Zuffenhausen, was er wollte. Die ersten Speedster kosteten 2.995 Dollar und waren damit eine Nuance billiger als die britische Konkurrenz von Austin Healey, Jaguar oder MG.

Mit dem 356 Speedster von 1954 ging es los. Beim TÜV in Stuttgart haben sie schön geschaut, als die Zuffenhausener ihren Flachmann zur Typisierung vorstellten: Bei geschlossenem Verdeck ließ sich weder schmerzfrei einsteigen noch ohne Yoga-Ausbildung sitzen. In Kalifornien aber war die motorverrückte Jugend begeistert. Unter der Woche ging es im Speedster zur Uni, am Wochenende auf die Rennstrecke, wo der Pooorsch bald nicht mehr zu schlagen war. Schnell entpuppte sich die schwäbisch-amerikanische Idee vom Minimal-Porsche als Geniestreich, denn die Liebe der Fans machte den Speedster zur Legende.

55, später 70 oder 75 PS reichten im 356 A Speedster für die Gänsehaut am Volant. Für Hartgesottene hatte Porsche den Carrera Speedster mit Rennmotor und bis zu 110 PS im Köcher. Der schaffte tollkühne 200 Spitze. 1959 verschwand der Ur-Speedster aus dem Programm, und erst 1987 tauchte auf der IAA ein Elfer-Speedster auf. Mit unmöglichem Verdeck, knochenhart und einfach toll.

___ Das Kennzeichen AW stand bis 1956 für »Amerikanische Zone Württemberg«, wo der Speedster so selten war wie im Rest von Deutschland. Kein Wunder bei einem Preis von 12.000 Mark.

ZAUBERWORTE

68__ Rennabfahrt

Bremsentortur am Mont Ventoux

»Rennabfahrt« – das Wort weckt Gedanken an todesmutige Skivirtuosen, an den Streif in Kitzbühel, das Lauberhorn, den Tofana-Schuss bei Cortina d'Ampezzo. Mont Ventoux, das ist der Berg der Leiden bei der Tour de France. Gut 21 Kilometer steil bergauf. 1.612 Höhenmeter im heißen Wind der Provence.

Porsche-Testfahrer kombinierten »Rennabfahrt« und Mont Ventoux. Und es litten die Porsche-Bremsen. Herbert Linge erfand die erste Variante der Rennabfahrt bei der Entwicklung der Scheibenbremsen in den 60ern. Zunächst ging es am Stilfser Joch bergab. Bald allerdings bevölkerten zu viele Touristenautos die Südtiroler Berge. Eine Alternative musste her, möglichst steil und möglichst kurvenreich. Sie stand in der südfranzösischen Provence: voilá, der Mont Ventoux. Seit Menschengedenken fand dort ein Lauf der Berg-Europameisterschaft statt. Mit Sportwagen, mit Rennwagen, später mit ausgeflippten Prototypen stürmten die Rennfahrer vom Städtchen Bédoin im Südwesten des 1.912 Meter hohen Bergs bis rauf zum baumlosen Gipfel mit der Wetterstation.

Und da die Rennabteilung von Porsche zugleich die Versuchsabteilung war, kam einer der Bremsenleute auf die Idee, diese 21 Kilometer einfach mal bergab zu probieren. Und zwar voller Hammer. Hier lag eines der frühen Geheimnisse der allseits bewunderten Standfestigkeit von Porsche-Bremsen. Schlimmer noch als die Rennabfahrt muss allerdings die Touristenabfahrt gewesen sein: im ganz hohen Gang mit dem voll beladenen Porsche den Mont Ventoux runter. Das hat nicht nur die Bremsen geschmerzt, es muss jedem Testfahrer in der Seele wehgetan haben. Nur gut, dass Bédoin inmitten von Weinfeldern liegt. Da war der Trost nie weit. Ende der 80er Jahre gingen die Versuchsfahrten am Mont Ventoux zu Ende, heute testet Porsche die Bremsen auf dem Hochgeschwindigkeitsoval von Nardo in Italien oder auf dem Prüfstand.

___ Von nun an ging es bergab: ein 911R Ende der 60er Jahre am Mont Ventoux in Südfrankreich. Die Abfahrt von der Bergrennstrecke diente als mörderischer Bremsentest.

178

ZAUBERWORTE

69__ Teloché

Teambasis am »Scharfen Eck«

Wenn die Vorbereitung der Rennautos lange dauerte, donnerten die Porsche spätnachts für einen kurzen Check auf der Landstraße raus aus dem Städtchen Teloché und kamen zehn Minuten später mit brodelndem Rennmotor wieder die Rue du 8 Mai runter. Vor der kleinen Garage du Provost stellte der Fahrer den Motor ab, und die Monteure schoben den Wagen in die Werkstatt. Dieses Ritual spielte sich 30 Jahre lang ab in Teloché, Luftlinie 2,8 Kilometer von der Mulsanne-Kurve am Ende der langen Geraden in Le Mans entfernt.

Vom ersten Start 1951 bis 1981 war Teloché im Département Sarthe für eine Woche der Mittelpunkt des Porsche Motorsport Universums. In der Garage du Provost wurden die 356 SL Leichtmetallcoupé genauso vorbereitet wie der mächtige 917, die 935 und der 936/81. Eng ging es in der Werkstatt zu, die großen Langheck-Karosserien wurden im Hinterhof gestapelt. Die Mannschaft schlief in Pensionen und angemieteten Privatzimmern. Da teilten sich zehn Leute ein Klo und eine Dusche. Im Zimmer stand ein Bett, ein Stuhl. Der Koffer kam auf den Boden. Gegessen wurde im Café du Sport zu jeder Tages- und Nachtzeit. Das gemeinsame Essen war eine heilige Teamhandlung, alle saßen zusammen, inklusive der Chefs. Auf einen Absacker ging es eine Straße weiter ins »Scharfe Eck«, wie die Bar bei den Porsche-Leuten hieß. Der Wirt und die Wirtin hatten nicht die Kondition der Porsche-Monteure und verabschiedeten sich recht früh in die Federn, aber Motorenmann Valentin Schäffer fungierte als Schlüsselbeauftragter und hielt die Bar offen.

In Teloché wurde nach dem Rennen gefeiert oder mit hängendem Kopf das Zeug zusammengepackt. Ab 1982 wurden die Rennwagen zu speziell für den Ritt über die Landstraße zum Start und deshalb in den Boxen an der Strecke vorbereitet. Aber die alten Porsche-Leute schauen bei einem Besuch in Le Mans immer mal in der Rue du 8 Mai vorbei.

___ Vorbereitungen auf die 24 Stunden von Le Mans 1954. Die Werkstatt im Dorf Teloché bot wenig Raum. Trotzdem kam Porsche von 1951 bis 1981 jedes Jahr hierher.

ZAUBERWORTE

70__ Turbo

Pferdestärken aus dem Abgasstrom

Ein Zauberwort für Technikfans. Wer von »Turbo« spricht, meint Porsche. Das hat sich seit den frühen 70er-Jahren so eingebürgert, denn Porsche erfand den Turbolader für das Autofahren auf kurvenreichen Strecken sozusagen neu. Turbo also, hochoffiziell ein Abgasturbolader: Im Abgasstrom des Motors rotiert ein Turbinenrad und treibt über eine Welle ein Verdichterrad an, das Luft in die Brennräume des Motors drückt. Viel Luft heißt viel Sauerstoff heißt viel Leistung und – voilà – kommen reichlich Pferdestärken aus einem kleinen Hubraum.

Bei Schiffen, Lokomotiven und Rennmotoren für Nudeltöpfe à la Indianapolis klappte das vor Porsche schon jahrzehntelang. Der Käptn, der Lokführer und der Indy-Pilot bremsen im Gegensatz zum Rennfahrer auf dem Nürburgring allerdings wenig. Beim Bremsen fällt aber die Drehzahl des Turboladers in den Keller, der Ladedruck und die Leistung klappen zusammen, und es dauert beim Gasgeben ein Weilchen, bis sie wieder da sind. Hier setzte Porsche an. Es gelang durch die clevere Regelung des Ladedrucks, den Turbolader immer kleiner und damit immer drehfreudiger zu bauen. Die »Turbo-Gedenksekunde« zwischen dem Tritt aufs Gaspedal und dem Bumms ins Kreuz wurde kürzer.

Wo immer Turbo-Porsche im Rennsport starteten, hagelte es Erfolge. 1972 und 1973 in der amerikanischen CanAm-Serie, 1984 bis 1986 in der Formel 1. Von den 18 Gesamtsiegen in Le Mans bis 2016 gelangen 16 mit Turbo-Power. Ab 1975 rollte der brachiale 911 Turbo zu den Fans und brachte Renntechnik auf die Straße. Porsche verfeinerte den Turbo unermüdlich: Biturbo, Variable Turbinengeometrie, Elektronik. Jüngst steht »Turbo« weniger für Maximalkraft als mehr fürs »Downsizing«, also für die Tendenz zu kleineren, verbrauchsärmeren Motoren, die dank ihrer Turbinen PS-Zahlen entwickeln, von denen Porsche-Fans schwärmen können.

___ Der Motor eines 911 Turbo auf dem Prüfstand. Porsche brachte die Turbotechnik für Automobile seit den frühen 70er Jahren entscheidend voran.

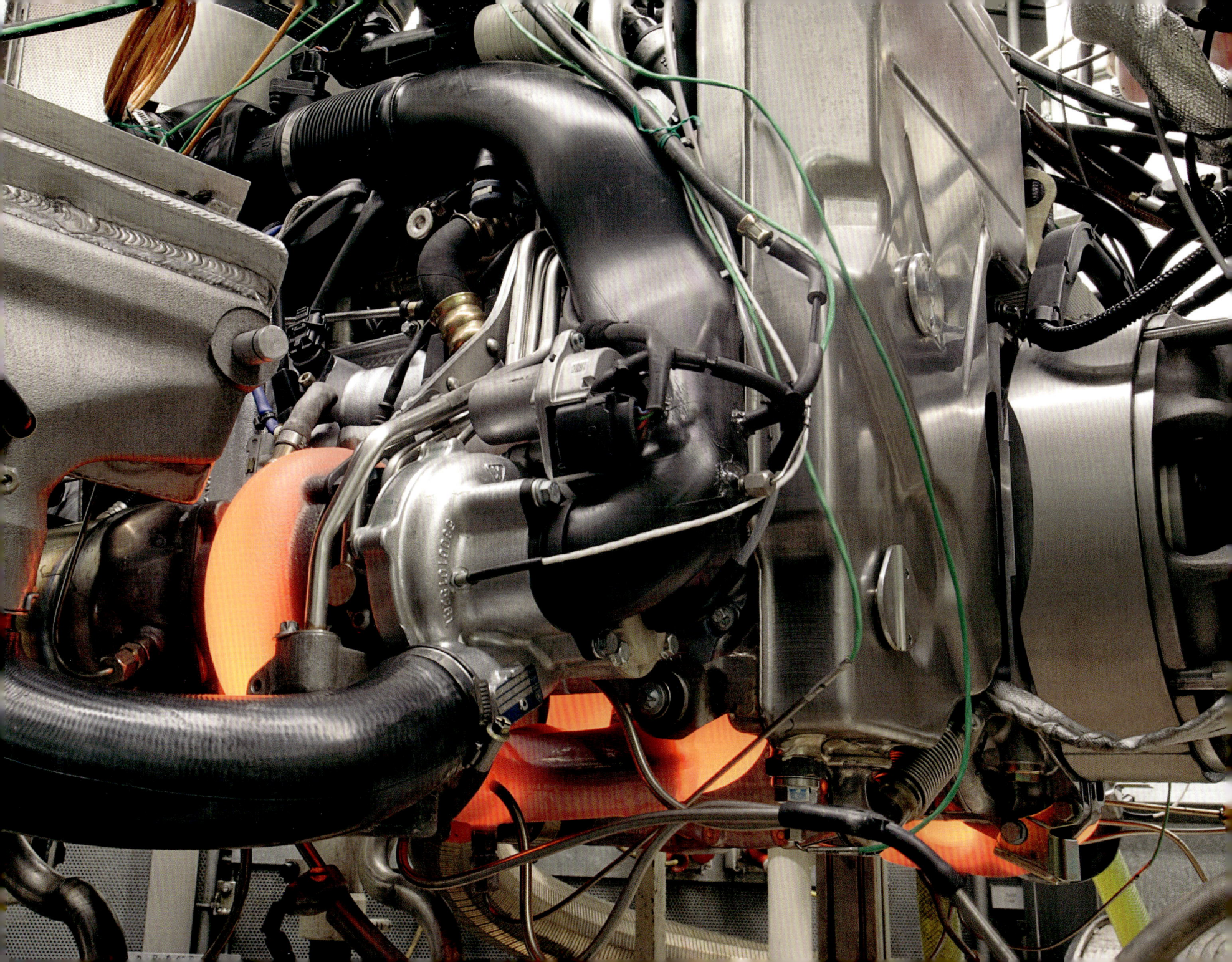

ZAUBERWORTE

71__ Weissach

Hightechzentrum auf der Schafweide

1959 zeigte der Obermeister Herbert Linge seinem Chef Ferry Porsche 38 Hektar Heide 25 Kilometer nordwestlich von Zuffenhausen. Das Land lag zwischen den Dörfern Weissach und Flacht, und der Boden gab außer Disteln und Schlehen nichts her. Porsche suchte Platz für Teststrecken und einen weiteren Standort seiner Firma, er griff zu.

1961 begann der Bau der ersten Kreisbahn. Als sie ein Jahr später fertig war, kümmerte sich der örtliche Wirt und Schäfer Robert Schüle ums Unkraut und ums Aufstellen der Pylonen: Porsches erster permanenter Mitarbeiter in Weissach. Auf die beschaulichen Anfänge folgte das rasante Wachstum zum EZW – Entwicklungszentrum Weissach. Die Teststrecke, Windkanäle, Labors, Werkstätten und Studios nehmen heute gut 70 Hektar ein. Hier konkretisieren sich die Ideen von knapp 6.000 Ingenieuren, Technikern und Mitarbeitern in Hightechlösungen und herrlichen Sportwagen. In bester Tradition des ersten Konstruktionsbüros in der Stuttgarter Kronenstraße 24 erdenken und konstruieren Porsche-Ingenieure in Weissach technische Lösungen für eine weltweite Klientel vom Airbus Cockpit über komplette Automobile für Fremdmarken, Motoren für Harley Davidson, Gabelstapler oder Krankenbetten. So erfolgreich sind diese größtenteils streng geheimen Fremdentwicklungen, dass sich seit 1996 Porsche Engineering mit 1.000 Ingenieuren allein in Weissach um die Anliegen der weltweiten Kundschaft kümmert.

Traditionell gehört auch der Rennsport zum EZW, weshalb Weissach in einem Atemzug mit Le Mans oder jüngst »919 hybrid« genannt wird. Für die Weissacher bedeutet die nahe Versuchsstrecke, dass sie ab und zu Ohrenzeugen der Rollouts von neuen Sport- und Rennwagen werden. Zusätzlich zum Klangerlebnis klingelte es bis 2015 dank der Gewerbesteuerzahlungen aus Stuttgart-Zuffenhausen auch angenehm im Stadtsäckel. Seither allerdings lenkt Volkswagen die Geldströme in Richtung Wolfsburg, und die goldenen Zeiten scheinen vorüber zu sein.

___ Das Entwicklungs Zentrum Weissach mit der Versuchsstrecke aus der Luft. Im Vordergrund die Rennabteilung bei der Ortschaft Flacht, hinten das »EZW«.

Psychedelische Kunst am Porsche. 1970 entwarf Chefdesigner Anatole Lapine die Bemalung für das »Hippie Car«. Die Inspiration stammte vom Kleid seiner Sekretärin.

KUNST AM PORSCHE

KUNST AM PORSCHE

72_Janis Joplins 356 SC Cabriolet
Bemalt, geklaut, gerettet

Janis Joplin, Superstar der Flowerpowergeneration, eine zierliche Frau mit gewaltiger Stimme und einem Porsche, der so irre wie ihre Outfits daherkommt. Im September 1968 hat sie das 1964er 356 SC Cabrio für 3.500 Dollar gekauft. Ein toller Sportwagen, wäre da nicht die öde Farbe: Perlweiß. Abhilfe verspricht der pinselfertige Roadie Dave Richards, der bereits das Motorrad ihres Boyfriends in ein rollendes psychedelisches Kunstwerk verwandelt hat. Ihm gibt Joplin 500 Dollar für Lack und freie Hand. Richards bemalt den Porsche mit Janis' Sternzeichen Steinbock, einem Regenbogen, Schmetterlingen, Quallen, dem »Auge Gottes« – es entsteht die »History of the Universe«.

Janis fährt das Cabrio ein Jahr lang, dann wird der 356 in San Francisco geklaut. Der Dieb lackiert das Auto grau, trotzdem bekommt Joplin ihren Porsche schnell von den Cops zurück. Die History wird vom tristen Grau befreit und glänzt wieder in alter Farbenpracht. Im Herbst 1970 spielt Janis mit ihrer Full Tilt Boogie Band in Los Angeles das Album »Pearl« ein. Dann die Katastrophe: Am 4. Oktober liegt sie tot in ihrem Hotelzimmer. Heroin.

Draußen steht der Porsche. Ihr Manager fährt den 356, bis Janis' Geschwister Michael und Laura das Cabrio 1973 in die Familie aufnehmen. Michael lackiert das Auto: grau! Mal fährt Michael, mal fährt Laura, bis der Meilenzähler 140.000 zeigt und das Cabrio ausruhen darf. Dann entdeckt in den frühen Neunzigern die Denver Center Theater Company den Porsche als Requisit und restauriert die History so detailverliebt wie perfekt. Michael und Laura finden den 356 jetzt zu schade zum Fahren und überlassen ihn 1995 der Rock and Roll Hall of Fame in Cleveland, Ohio. 2015 versteigert Sotheby's Janis' Porsche. Der Auktionator erwartet höchstens 600.000 Dollar. Am 10. Dezember fällt der Hammer bei 1,76 Millionen. Ach Janis, hättest du die Kohle doch kassieren können.

___ Janis Joplins 356 SC Cabriolet »History of the Universe«, handbemalt, einzigartig, einfach großartig

KUNST AM PORSCHE

73_ Steve McQueens »Le Mans«
Vom Flop zur Legende

Steve McQueen hatte eine Vision: Ein Dokumentarfilm über seine Leidenschaft Autorennen musste her. 1969 tauchte er mit 20 Kameras beim 24-Stunden-Rennen in Le Mans auf. Sein Material zeigte er US-Produzenten, aber die winkten ab. Also gründete McQueen kurzerhand seine Solar Productions. 1970 war er wieder in Le Mans. Eine Filmcrew brachte er mit, sein Dorf baute er in der Nähe der Strecke auf: Solar Village. Die Künstlerschar verbrachte dort üppige Monate. Bis heute erzählen sie im Département Sarthe von prallen Festen und davon, dass die Amis alles in Dollars und bar bezahlten.

McQueens Familie weilte ebenfalls in Frankreich. Aber die Kinder Chad und Terry nahmen Privatunterricht im Château de Lornay, fernab der dionysischen Sonnenkolonie. Beim Rennen ließ McQueen seinen Porsche 908 mitlaufen, mit dem er im Frühjahr in Sebring mit einem gebrochenen Bein (Motorrad) gestartet und Zweiter geworden war. Die Rennfahrer Herbert Linge und Jonathan Williams fuhren den 908 mit zwei Kameras beladen. Ihre Ausbeute: zehn Kilometer Film mit sensationeller Action. Alles echt, denn Computerbilder gab es noch nicht.

Nach dem Rennen gingen die Dreharbeiten (und die Partys in Solar Village) bis zum November weiter. 40 Fahrer waren zeitweise für McQueen unterwegs, unter ihnen Größen wie Derek Bell, Vic Elford, Gérard Larrousse, Herbert Linge und David Piper. Etliche Rennwagen wurden an Leitplanken geschreddert.

Im Herbst war sie abgedreht, die Story vom Rennfahrer Michael Delaney auf dem wunderschönen Porsche 917 im hellblau-orangefarbenen Gulf-Design und seinem deutschen Gegner Erich Stahler, der das Duell auf einem Ferrari 512S verlor, weshalb Ferrari keine Autos für die Dreharbeiten rausrückte. Und McQueen war viele Millionen ärmer. Am 9. Oktober 1971 wurde der Film uraufgeführt – und floppte. Heute ist »Le Mans« Kult, genau wie der blau-orange 917. Kunst mit Porsche.

___ Drehpause bei der Arbeit an Steve McQueens Renn-Epos Le Mans, 1970. McQueen sitzt in einem Porsche 917. Sein Film floppte zunächst, wurde dann aber zum Kultstreifen.

KUNST AM PORSCHE

74__ 917 »Hippie-Car«
Psychedelische Kunst bei 400 Sachen

Porsche hatte für das Rennen in Le Mans 1970 eine Höchstgeschwindigkeit von 400 km/h auf der Wunschliste. Die Studien im Windkanal rieten zu einer Karosserie mit Rundungen und Schwüngen, die der Designer Anatole Lapine höchst inspirierend fand. Lapine hatte 1969 das Ruder bei Porsche Style übernommen und entwarf eine psychedelische Bemalung, die ebenso irreal erschien wie der Gedanke, mit dem 550-PS-Monster bei 111 Meter pro Sekunde zwischen schütteren Leitplanken entlangzuschießen. Dabei übersah Lapine nonchalant ein Gesetz des Profisports, nach dem die Farben des Sponsors den Auftritt des Autos bestimmen. Der Sponsor war Martini & Rossi, die Farben Gelb und Rot. Lapine aber plante Blaulila und Giftgrün. Zum Glück war der Conte Rossi ein kultivierter Mann, der zu dem Plan kunstverständig nickte.

Weil im Motorsport alles auf den letzten Drücker geht, kam der 917 reinweiß in Le Mans an, was Lapine nicht entmutigte. Mit seinen Künstlern ging er im Hinterhof der Werkstatt im Dörfchen Teloché ans Werk. Zuerst das Lila. Im Training am Donnerstag fuhren Willi Kauhsen und Gérard Larrousse also einen lila 917 mit weißer Ornamentik um den Kurs. Aber am Samstag war etliche hundert Dosen Spraylack später ein Kunstwerk im Stil der Zeit entstanden: Der Hippie-Porsche rollte an den Start. Die Männer von Porsche Style standen glücklich, müde und mit schmerzendem Zeigefinger am Streckenrand. Im Rennen holte ein rot-weiß lackierter 917 den ersten Le-Mans-Sieg für Porsche vor dem Hippie-Car auf Platz zwei.

Ab dann wird es profan. Der Hippie 917 wandert in den Windkanal, unlackierte Teile ersetzen Spontankunst. Ein Jahr später startet das Hippie-Chassis 043 völlig umlackiert erneut in Le Mans und wird am 10. Dezember 1971 bei Porsche verschrottet. Was bleibt, sind ein paar Karosserieteile, die Willi Kauhsen in sein spanisches Ferienhaus rettete. Und ein Stapel bunter Bilder.

___ 1970, Flower-Power-Zeit! In Le Mans war Kunst am Porsche zeitweise mit knapp 400 Sachen unterwegs.

KUNST AM PORSCHE

___ Ein echter Hingucker, das fanden auch die Zuschauer, als dieses psychedelische Kunstwerk beim 24-Stunden-Rennen von Le Mans 1970 vorbeiraste.

KUNST AM PORSCHE

75__ 917/20 »Sau«

Die »Dicke Berta« zur Sau gemacht

Am 17. April 1971 rollen die Porsche-Monteure beim Vortraining zum 24-Stunden-Rennen von Le Mans einen sehr ungewöhnlichen Rennwagen aus der Box. Der 917/20 hat nicht das keilförmige Kurzheck des Vorjahressiegers und auch nicht die endlos lange Karosserie des Porsche 917 Langheck, die auf Windschlüpfigkeit und Top-Speed ausgelegt ist. Der 917/20 kommt voluminös und kurvenreich daher wie Trude Herr, ist mit 2,21 Metern 24 Zentimeter breiter, dabei aber 20 Zentimeter kürzer als das Kurzheck. Der Wagen passt in keinen Renntransporter und muss auf einem Panzer-Tieflader nach Le Mans gebracht werden.

Porsche hat zusammen mit dem französischen Aerodynamikspezialisten SERA versucht, einen 917 auf die Räder zu stellen, der die Vorzüge beider Karosserievarianten vereint: eine satte Straßenlage und eine tolle Höchstgeschwindigkeit. Das Kurzheck liegt relativ gut, läuft aber nur 360 Sachen, was für Le Mans bescheiden ist. Das Langheck erreicht irre 386, hat aber den Geradeauslauf einer nervösen Kreuzotter. Schnell ist ein Name für das Einzelstück gefunden: In fröhlicher Ignoranz der jüngeren Geschichte wird der 600-PS-Rennwagen die »Dicke Berta« getauft.

Zum Rennen am 12./13. Juni muss ein neuer Name her, denn die Porsche-Stylisten um Anatole Lapine haben den Wagen ferkelrosa lackiert und nach Metzgersart beschriftet: Rüssel, Hals, Hirn, die Kotelettes und die Schinken. »Zuffenhausener Trüffeljäger« steht auf einem kleinen Aufkleber. »Die Sau« klingt herzhafter und setzt sich durch. Willi Kauhsen und Reinhold Jöst lassen die Sau im Rennen galoppieren, liegen zeitweise auf Platz drei. Als Jöst das Auto Sonntag früh um 3 Uhr 19 beim Anbremsen der Arnage-Kurve verliert, sind sie Sechste. So siegt die Sau zwar nicht, aber kein anderes Auto wird bei diesem 24-Stunden-Rennen öfter fotografiert.

___ Die »Sau« 1971 an den Boxen in Le Mans. Wenn schon, denn schon, sagten sich die Designer und verpassten dem rosa Ungetüm die Metzgerei-Beschriftung.

KUNST AM PORSCHE

76__ Porsche 911 Biggibilla

Songlines für einen Carrera

Dies ist ein winziger Ausschnitt aus einer riesigen Kultur, dargestellt auf einem Porsche. Der Künstler Biggibilla bemalte 1998 einen 911 Carrera mit Motiven aus den Songlines, die ihm der Bruder seiner Mutter überlieferte. Es sind die Songlines der Gummaroi-Sprachgruppe, die ein 85.000 Quadratkilometer großes Gebiet im Südosten Australiens bewohnt.

Die Songlines sind historische Berichte vom Werden, von den Wanderwegen, dem Leben und Sterben, von der der Astronomie, der Flora und Fauna eines Gebiets, wie sie jeder Stamm der Aborigines über Tausende von Generationen weitergab. Die Gummaroi kannten mehr als 200 dieser Songlines, mit deren Hilfe sie sich in der Geographie, in der Geschichte und in der Mythik ihrer Heimat orientierten und bewegten: ohne Landkarten, ohne ein geschriebenes Wort. Biggibilla erklärt: »Wer die Songlines nicht kennt, der wird niemals das Land kennen. Die erste Songline lernten unsere Kinder im Alter von fünf bis acht Jahren, sie beschrieb um die 200 verschiedene Gräser, rund 1.200 Eukalyptusarten und 70 verschiedene Motten und Falter. Die Kinder merkten sich ungefähr 7.000 Worte – nur für die erste Songline. Bis zum Erwachsenenalter wurden in männlicher Sprache etwa 140.000 Worte gelernt, in weiblicher Sprache waren es rund 180.000. Frauen sprachen beide Sprachen, Männer beherrschten nur die männliche.«

Da steht also der 911 Carrera Biggibilla, von Porsche Australia dem Mutterhaus in Stuttgart zum 50. Jubiläum präsentiert. Mit einem Augenzwinkern hat Biggibilla seinem geheimnisvollen Gemälde ein weiteres Rätsel verliehen: Nur der Künstler und der damalige Porsche-Chef Wendelin Wiedeking wissen, wo sich an dem Porsche die Signatur des Malers befindet. Der Porsche 911 Carrera Biggibilla: ein außerordentliches Kunstwerk und eine Einladung, mehr über die faszinierende Kultur der Aborigines zu lernen.

___ Melbourne 1998, der Künstler Biggibilla erläutert dem damaligen Porsche-Chef Wendelin Wiedeking die Motive aus den Songlines der Gummaroi-Gruppe.

KUNST AM PORSCHE

77_ Elf Elf

Die Beton-Porsche

Klassiker ziehen Interpretationen an. William Shakespeare wird seit Hunderten von Jahren durchgenudelt, Johann-Sebastian Bach würde sich über manche Auffassungen von seiner Musik wundern, Ferdinand Alexander Porsche könnte möglicherweise höflich die Frage formulieren, was es zu bedeuten habe, wenn einer die Silhouette seines Elfer in Beton gießt.

Der österreichische Künstler Gottfried Bechtold goss mit Leidenschaft. 1971 präsentierte er seinen eigenen 911: einen »Mythos des Alltags«, wie er damals formulierte, als Betonabguss. 2001 folgte der »Crash-Porsche«, ebenfalls in Beton. 2006 stand das Publikum am Vorplatz des Kunsthauses in Bechtolds Geburtsstadt Bregenz vor der Skulpturengruppe »Elf Elf«. Richtig geraten: elf Neunelfer aus massivem Beton. 16 Tonnen wog einer davon (so viel wie elf echte Elfer). Bechtold erläuterte dem Porsche-Magazin »Christophorus«, er sei fasziniert vom ungebrochenen Erfolg und dem langlebigen Design der Sportwagenikone 911. Beides stünde im Widerspruch zu modischer Schnelllebigkeit. »Widerspruch« – das schien Bechtolds Stichwort zu sein: »ein 300 km/h schnelles Auto, durch die Masse des Materials stillgelegt«, wie der »Christophorus« beobachtete. Auch das Gussmodell brachte Bechtold zum Stillstand: den 911 Carrera S schickte er in die Schrottpresse. Was bleibt, ist ein Blechwürfel.

Neben der unverwechselbaren Silhouette und der hohen Qualität des Handwerks haben der echte und die elf Beton-Elfer eine weitere Gemeinsamkeit: »Wir sind an die Grenzen des technisch Machbaren gegangen«, berichtete Bechtold. Zwei Jahre dauerte die Arbeit, Bechtold und seine 25 Mitarbeiter entwickelten eine spezielle Betonmischung und Bearbeitungsverfahren für das Kunstwerk. Wie alle Klassikerinterpretationen lud und lädt »Elf Elf« zum vergnüglichen Streit über Ästhetik, über Sinn oder Unsinn ein. Hinschauen lohnt auf jeden Fall.

___ Die künstlerische Interpretation eines automobilen Klassikers: Gottfried Bechtold goss die Form des Porsche 911 in Beton. Zwei Jahre dauerte die Arbeit.

— Batmobil? UFO? Das Auto des Bösewichts? Mitnichten, es handelt sich um einen Rekord- und Rennwagen. Den Typ 64 baute Porsche ab 1939 in drei Exemplaren.

PARADIESVÖGEL

PARADIESVÖGEL

78__Porsche Typ 64 Rekordwagen
Der Porsche-Urahn

Die Rennerei lag Ferdinand Porsche im Blut, seine Konstruktionen für Mercedes-Benz und die Auto Union schrieben Motorsportgeschichte. Da verwundert es nicht, dass im Konstruktionsbüro in Stuttgart ab Mitte der dreißiger Jahre schon Skizzen von heißen Volkswagen mit Stromlinienkarosserie und leistungsgesteigerten Motoren entstanden, als die ersten »Käfer«-Prototypen noch in der Dauererprobung liefen.

Auf diese Entwürfe greift Porsche zurück, als von Volkswagen der Auftrag kommt, für die 1.680 Kilometer lange Berlin–Rom-Wettfahrt im September 1939 einen Rennwagen zu konstruieren. Porsche geht in die Vollen: Die strömungsgünstige Aluminiumkarosserie aus der Feder von Karosseriechef Erwin Komenda wiegt mit 100 Kilogramm nur die Hälfte gängiger Stahlblechhäute, die Seitenfenster bestehen aus Plastik, Lenksäule und Pedale aus Aluminium. Um die Stirnfläche klein zu halten, ist der Typ 64 sehr schmal. Der enge Innenraum mit zwei versetzten Sitzen eignet sich ganz deutlich nicht für Zeitgenossen mit Platzangst. Zwei Ersatzräder sind an Bord, der Tank fasst 50 Liter und ragt in den Fußraum des Beifahrers. Im Heck boxt ein Käfermotor mit 985 Kubik, den die Porsche-Männer mit größeren Einlassventilen, einer schärferen Nockenwelle, erhöhter Verdichtung und sportlichen Fallstromvergasern von serienmäßigen 22 auf 33 PS gebracht haben. Diese Leistung reicht dem 525-Kilogramm-Wagen für 160 Stundenkilometer Spitze.

Drei dieser »Typ 64« baut Porsche, aber das Rennen findet nie statt, denn im September 1939 bricht der Zweite Weltkrieg aus. Dem Konstruktionsbüro dient ein Typ 64 als schneller Kurierwagen zwischen Stuttgart und Kärnten, Schnitte um die 130 Sachen werden kolportiert. Zwei Wagen überleben den Krieg, von denen einer im Besitz seines Konstrukteurs bald als erster Sportwagen den Porsche-Schriftzug am Bug trägt.

___ Der Typ 64, im Jahr 1945 in Gmünd fotografiert. Nur 33 PS genügten dem Stromlinienwagen für 160 km/h Spitze.)

PARADIESVÖGEL

79__ Porsche Typ 360 Cisitalia
Zukunftsmusik ist schwer zu spielen

Piero Dusio war ein schneller Industrieller aus Turin. Vor dem Krieg unter anderem Rennwagenkonstrukteur und Amateurrennfahrer, nach dem Krieg noch reich genug, um bei »Porsche Konstruktionen« in Gmünd im Februar 1946 einen Rennwagen zu bestellen.

Porsche komponierte unter der Typnummer 360 Zukunftsmusik aus Leichtmetall. Der 180-Grad-V12-Motor mit 1,5-Liter-Hubraum war dank zweier Centric-Kompressoren gut für 300 PS bei 8.000 Touren. Über ein sequenziell schaltbares Fünfganggetriebe mit Porsche-Ringsynchronisierung ging die Kraft an die Hinterräder, Vorderradantrieb konnte zugeschaltet werden. Der Gitterrohrrahmen bestand aus hochfestem Stahl, die Karosserie aus einer sündteuren Leichtmetalllegierung. Das Kunstwerk wog rund 720 Kilogramm. Der erste Wagen war im November 1948 fast fertig. Und Dusio war pleite. Formel 1 ist teuer. Rettung versprach der argentinische Diktator Juan Péron, der mit Dusios Hilfe in Südamerika tolle Autos unter dem Namen Autoar bauen wollte. Dusio verkaufte sein Haus, kündigte über 400 Leuten und reiste nach Südamerika. Der Typ 360 folgte 1950 im Schiffsbauch. Nachdem sich die Wogen zu Hause geglättet hatten, kehrte er ohne GP-Wagen nach Italien zurück, produzierte Stoffe und versuchte sich mit preiswerteren Automobilen.

In Argentinien staubte Autoar inzwischen den Typ 360 ab, denn die Firma brauchte Publicity. Irgendwie brachten sie den Prototyp ans Laufen und maßen auf dem Prüfstand 280 PS. Die erschienen genug für den Angriff auf einen Geschwindigkeitsrekord, der mit 231 km/h auch knapp gebrochen wurde. Ein erneuter Anlauf bei einem Rennen der Formula Libre 1954 schlug fehl. Und so ruhte Typ 360 in einer Garage in Buenos Aires, bis ihn der findige Porsche-Rennchef Huschke von Hanstein fand. Ferry Porsche kaufte den Paradiesvogel 1959, heute schmückt der Wagen das Porsche Museum in Stuttgart.

___ Der Industrielle Piero Dusio (2. v. r.) hatte bei Porsche die Konstruktion dieses Grand-Prix-Wagens in Auftrag gegeben. Kurz nach der Präsentation setzte sich Dusio nach Argentinien ab.

PARADIESVÖGEL

80_ Porsche Exclusive
Alles geht

Ferry Porsche sagte etwa: »Am Anfang schaute ich mich um, konnte aber den Wagen, von dem ich träumte, nicht finden. Also beschloss ich, ihn mir selbst zu bauen.« Nun hat nicht jeder Ferrys Genie, aber jeder kann bei Porsche seinen automobilen Traum erfüllen. Vorausgesetzt, das Bankkonto ist gut gefüllt.

In den frühen Jahren kümmerte sich die Werksreparatur um den Rennauspuff für Sebring, später sorgte die Sonderwunschabteilung für das Wurzelholzarmaturenbrett. Seit 1984 liest Porsche Exclusive der Klientel die Wünsche von den Augen ab. Tagelang können die Besprechungen zwischen Kunde und Exclusive dauern. Manchmal geht es auch schneller, wie etwa beim Ölmilliardär, der eine Handtasche der Gattin als Farbmuster mitbrachte. Porsche Exclusive steht für: Alles geht. Eine Vollbelederung inklusive der Lüftungslamellen und aller Knöpfe mit dem Material von acht Kuhhäuten erledigt Exclusive routiniert. Eher eine Herausforderung stellt die Pfauenfederlackierung in 18 Farbtönen oder das Revolverfach in der Mittelkonsole mit Sprungfedermechanismus dar. Oder dieser 911 Turbo mit Flachschnauze für den New Yorker Sammler. 40 Leute arbeiteten 1990 seine 28-seitige Liste mit Sonderwünschen ab. Und da war die Episode mit dem Scheich aus Katar. Der gab eine Sammelbestellung über sieben 959 auf. Für jeden Wagen entwickelte Porsche Exclusive einen speziellen Lack, dazu ein abgestimmtes Büffellederinterieur und 24 Karat vergoldete Auspuffendrohre.

Bisweilen kreiert Porsche Exclusive Kleinstserien. Auf Anfrage entstanden 1993 sechs 911 Turbo Cabrio vom Typ 964, und 2012 konnten sich Enthusiasten um einen von 13 Porsche 911 Club bewerben. 2013 feierte Porsche den fünfmillionsten »Gefällt mir«-Klick auf Facebook mit der »Facebook-Edition«. Porsche Exclusive baute das Unikat nach Auswertung der Wunschkonfiguration von 54.000 Fans. So viel Liebe für ein Auto – da kann man glatt eifersüchtig werden.

___ Porsche Exclusive macht alles möglich, und zwar mit schwäbischer Akribie. So sind auch die Einfassungsringe der Rundinstrumente mit Leder bezogen.

PARADIESVÖGEL

___ Ein Scheich aus Qatar bestellte gleich sieben Supersportwagen vom Typ 959, jeden in einer einzigartigen Speziallackierung, die Auspuffendrohre sind 24 Karat vergoldet.

PARADIESVÖGEL

81__ Weniger ist mehr ...
oder: Gelobt sei, was hart macht

Die Lust an den einfachen, echten Dingen des Lebens. Kaum zu glauben, aber selbst für einen luxuriösen Sportwagen wie das 911 Turbo 3.3 Cabriolet von 1989 machte Porsche dem Enthusiasten, der selbst Hand anlegen wollte, ein verlockendes Angebot. Für 160.900 Mark kam der 300-PS-Turbo ab Werk mit einem handbetätigten Stoffverdeck. Das hieß für die Fahrt in den plötzlichen sommerlichen Gewitterschauer: entweder nass werden und durch oder anhalten und fummeln. Eine echte Verheißung eines kleinen, köstlichen Abenteuers im Manageralltag also. Auf Wunsch gab es den Turbo ohne Aufpreis mit elektrisch betätigtem Dach.

»Zurück zur händischen Arbeit« hieß es auch beim 2016 angebotenen 911R, den Porsche in Zeiten blitzschnell automatisch schaltender Getriebe für Nostalgiker mit einer von Hand zu rührenden Sechsgang-Box anbot. Die 991 Exemplare des 500-PS-Renners waren zum Preis von 189.544 Euro bereits vor dem Verkaufsstart vergriffen. Die Konzentration auf das unverfälschte Fahrerlebnis bietet Porsche auch in besonders heißen Geräten wie dem 911 GT3 RS von 2015: ab Werk ohne Radio und ohne Klimaautomatik. Sie wissen schon: natürlicher Klang im natürlichen Milieu, außerdem viel Gewicht gespart. Radio und Klima gibt es selbstverständlich ohne Mehrpreis für solche, die tatsächlich etwas anderes als den herrlichen Boxer hören wollen.

Im wahrsten Sinn des Wortes in den Wind schlägt Porsche alle Erkenntnisse zum zugfreien Fahren mit dem Speedster. Die kleine Windschutzscheibe ist ein Muss und lässt bei der Fahrt einen herrlichen Orkan ins Cockpit. Nur weicheiverdächtige Porschefahrer stellen das in jüngeren Modellen verfügbare Windschott auf. Weniger Aufwand bedeutet mehr Vergnügen für alle, die ihre Nase gern mal in den Wind raushalten, vor allem, wenn der stark weht. Das erscheint in den Zeiten der virtuellen Wirklichkeiten auch schon wieder luxuriös.

___ Zurück zur Handarbeit. Den 911R von 2016 gab es ausschließlich mit einem konventionellen Sechsganggetriebe. Wunderbare Nostalgie, Begeisterung bei den Fans.

PARADIESVÖGEL

___ Das Original und die moderne Interpretation: Rechts steht der 911R – Porsches erster Renn-Elfer von 1967–1969. Links der straßentaugliche 911R des Jahres 2016.

Monza im November 1967. Ein 911R auf dem Weg zu etlichen Weltrekorden. Offenbar ein extremes Leichtbau-Auto. Der Fahrtwind drückt die Fronthaube ein.

MOMENTE

MOMENTE

82_ Christophorus

Frau Konnerth war das erste Model

Frühjahr 1952, Porsche produziert seit gerade zwei Jahren Sportwagen in Stuttgart-Zuffenhausen. Marianne Konnerth sitzt auf dem Beifahrersitz eines 356, den Richard von Frankenberg so gekonnt wie beherzt in Richtung Süden treibt. Der drahtige 30-Jährige mit der dunklen Hornbrille und dem stromlinienförmig nach hinten pomadisierten Haar fungiert bei Porsche als Versuchs- und Rennfahrer, zugleich als eine Art früher Pressechef und seit Neuestem als Chefredakteur sowie Autor des »Christophorus«, der »Zeitschrift für die Freunde des Hauses Porsche«.

Die Idee zu dem Magazin hatte er schon 1950 mit dem Grafiker Erich Strenger ausgebrütet, der später legendäre Poster für Porsche entwerfen würde. Jetzt will von Frankenberg, der übrigens auch den Namen des Schutzpatrons der Reisenden für die künftige Zeitschrift wählte, eine Reportage über Schweizer Bergstraßen schreiben. Für eine Story braucht's Bilder, für Bilder braucht's ein Model. Da aber Porsche für Models kein Geld hat und die Pressefotos von den Sportwagen auch gerne mit Sekretärinnen als Models schmückt, kam die hübsche Frau Konnerth zu ihrem Trip in die Schweiz. Sie ist mit einem Freund von Frankenbergs verheiratet und modelt nur dieses eine Mal. Der Münchner Fotograf Heinz Hering schießt am Klausenpass das Titelfoto für den ersten Christophorus, der am 1. Juli 1952 erscheint.

Das Magazin mit Reisethemen, Personalities, exklusiven Hintergrundgeschichten aus der Entwicklung und dem Porsche-Rennsport macht sich prächtig. Ab 1956 gibt es neben der deutschen eine englische Ausgabe, bald danach erscheint der Christophorus sechsmal im Jahr dreisprachig. Bis heute sind aus den drei Sprachen zehn geworden, das Magazin erscheint fünfmal im Jahr, und die Auflage hat sich auch ganz anständig von 4.500 Heften auf 590.000 Exemplare entwickelt.

___ Die erste Ausgabe des Kundenmagazins »Christophorus« erschien am 1. Juli 1952. Marianne Konnerth, eine Bekannte des Chefredakteurs, modelte für das Titelfoto auf dem Klausenpass.

MOMENTE

83__ Der erste Crashtest

Fast mit Lebend-Dummy

Mitte der sechziger Jahre, Porsche entwickelt sich rasant zum Hersteller höchst begehrter Sportwagen. Da ist der neue 911, und da ist der sehr exklusive 904 Carrera GTS, ein in Kleinserie gebauter Mittelmotor-Zweisitzer. Die USA entpuppen sich schnell als wichtigster Markt – und sind zugleich ein schwieriges Terrain, denn jenseits des Atlantiks ist die passive Sicherheit schon damals ein großes Thema. Bei Mercedes-Benz in Sindelfingen crashen sie schon seit 1959 Autos im Dienst der Insassensicherheit. In Zuffenhausen wurden bislang gelegentlich 356er mit Gewichten verbeult, was die Amerikaner aber keineswegs zufriedenstellen dürfte.

Wie so oft bei der kleinen Firma wird auch für die ersten Crashtests mit Phantasie und Rechenschieber improvisiert. 1965 ist ein riesiger hydraulischer Kran aus den USA nach Deutschland gekommen. Fahrversuchschef Helmuth Bott lässt das Monster 1966 auf den Werkshof in Zuffenhausen fahren. Ein ausgedienter 904 Carrera GTS wird mit dem Bug nach unten an einer Segelfliegerkupplung aufgehängt. Schnell kalkulieren die Techniker, dass der Sportwagen beim Fall aus zehn Meter Höhe mit den geforderten 50 km/h aufprallt. Der Benzintank unter dem Frontdeckel wird mit Wasser befüllt.

Ein besonders waghalsiger Monteur kommt auf die Idee, sich im 904 Carrera GTS festschnallen zu lassen und als Crashtest-Dummy mit in die Tiefe zu stürzen. Der Mann ist Rolf Wütherich – jener Topmechaniker, der im September 1955 neben James Dean saß, als dieser im Porsche 550 Spyder tödlich verunglückte. Wohlmeinende Kollegen halten Wütherich von seinem Plan ab, der Rennwagen stürzt leer in die Tiefe.

Der erste große Crashtest in der Geschichte des Hauses Porsche geht ohne Verletzte über die harte Bühne. Heute verfügt Porsche in Weissach über eine der modernsten Crashanlagen der Welt.

___ Crashtest nach Hausmacherart. Mangels einer aufwendigen Crashanlage lässt Porsche den 904 Carrera GTS aus zehn Metern Höhe von einem Kranhaken stürzen.

MOMENTE

84_ Typennummern
Der 911 ist nicht der 911te

Früher war alles einfacher. Das Leben, die Auswahl des Fernsehprogramms (ARD? ZDF?), und auch die Bezeichnung der Porsche-Modelle war leicht zu verstehen. Jedes Projekt trug eine Typennummer, fertig.

Zugegeben, am Anfang hat der alte Ferdinand geschummelt und seinem ersten Auftrag die Nummer 7 gegeben, damit er nicht wie ein Frischling dastand. Aber dann wurde korrekt gezählt. 22 war der Auto Union GP Rennwagen, 60 der Käfer. 356 der erste Sportwagen und aufgemerkt: Die Typennummer wurde zum Modellnamen. Beim Nachfolger des 356 verließ Porsche die strikte Zählung. Kooperationen mit Volkswagen zeichneten sich ab. In Wolfsburg trugen die Entwicklungsaufträge (EA) ebenfalls dreistellige Nummern, die 9 war noch nicht besetzt. So erhielt der Nachfolger des 356 die Typennummer 901. Ab jetzt wurde weniger gezählt als vielmehr sichergestellt, dass sich die Typennummern der Baureihen klar unterschieden. 914 für den Mittelmotorwagen, 924 war der erste Transaxle-Porsche, dann der 928 als großer Gran Turismo. Die »4« am Ende stand für Vierzylinder, die »8« für die doppelte Zylinderzahl. Beim 911 passierte, wovon Marketingleute träumen: Die Zahl steht auch nach sieben Sportwagengenerationen für den Hecktriebler mit der unverwechselbaren Silhouette.

Intern verleiht Porsche jeder Generation und jedem speziellen Elfer eine eigene Typennummer. So war der erste Turbo der 930 und der erste Allradler der 953. Und jetzt wird's etwas kompliziert, denn ab 1993 bekamen die Sportwagen Namen – und interne Nummern: Carrera GT (980), Boxster (986), Cayenne (955). 2016 straffte Porsche Namen und Nummern auf eine neue Systematik: Die Zweitürer laufen unter Nummern, wobei Boxster und Cayman mit der legendären Rennsport-Mittelmotorzahl 718 geschmückt wurden. Die Viertürer hingegen werden öffentlich ausschließlich bei ihren Namen gerufen. So einfach ist das.

___ 901 – so lautete zunächst die Typennummer des 911. Wobei der Hecktriebler weder die 901. noch die 911. Porsche-Konstruktion war. Eine verzwickte Geschichte …

großen Viersitzer!", und alle Jahre wieder mußten wir diese Meldungen dementieren— auch in diesem Jahr! Porsche brachte keinen neuen, großen viersitzigen Wagen zur Ausstellung, aber:

Seit Jahren haben sich Ferry Porsche und sein Ingenieurstab den Kopf darüber zerbrochen, wie das Porsche-Leitmotiv „Fahren in seiner schönsten Form" up-to-date gehalten und den ständig wechselnden Bedingungen des modernen Verkehrs angepaßt werden kann. Denn was heißt schon „Fahren in seiner schönsten Form?" Versteht nicht jeder von uns darunter etwas anderes? Hat nicht ein Geschäftsmann, der jeden Morgen von seinem Hause am Stadtrand in Kolonne zu seinem Büro fährt, oder die Dame, die einige Stunden später beim Shopping verzweifelt nach einem Platz an einem groschenhungrigen Parkometer sucht, ganz andere Vorstellungen vom „Fahren in seiner schönsten Form" als die kinderreiche Familie, die an die Nordsee auf Urlaub fährt, oder das glückliche junge Paar, das in einem offenen Zweisitzer auf der Autostrada del Sole mit hoher Reisegeschwindigkeit und wenig Gepäck der Sonne Süditaliens entgegenfährt?
Der Geschäftsmann wird sich für sein meterweises Vorwärtskriechen sicher einen großen Amerikaner mit automatischer Kupplung wünschen; die Dame beim Parken von einem der bisher nur auf dem Papier existenten Stadtwagen träumen; der Familienvater Wert auf mindestens sechs komfortable Plätze legen und das junge Paar mit einem spartanisch ausgerüsteten Sportwagen vorlieb nehmen, wenn es sich nur den südlichen Wind bei hoher Geschwindigkeit um die Nase wehen lassen kann: dies sind nur vier Beispiele von den unzähligen Vorstellungen, die ebenso unzählige Autokäufer von dem haben, was für sie und ihre speziellen Bedürfnisse und Wünsche „Fahren in seiner schönsten Form" bedeutet.
Wie sieht es bei uns Porschefahrern aus?
Die Porsche-Ingenieure waren die ersten, die vor über 10 Jahren begannen, ein sportliches und zugleich bequemes Reisefahrzeug in größerer Serie zu bauen. Das beste Pferd im Stalle ist heute der Carrera 2000 GS; — ein Beweis dafür, daß in Zuffenhausen der einmal eingeschlagene Weg konsequent fortgesetzt

MOMENTE

85_ Über den Atlantik

Porsche startet 1950 in den USA

Für über 60 Jahre waren die USA Porsches größter und wichtigster Markt, den Zuffenhausen regelmäßig mit der Hälfte aller gebauten Sportwagen belieferte. Aus den USA kamen Impulse für Porsche-Ikonen: Speedster, Targa, Turbo, 928. Als das Land beim Börsencrash 1987 fast in die Knie ging, ging Porsche fast mit. Doch nirgends ist die Begeisterung größer, der Porsche Club of America zählt 117.300 Mitglieder und ist der größte Markenclub der Welt.

Das alles begann im Oktober 1950, als Max Hoffman drei Porsche 356 in seinen Showroom auf der Park Avenue, Ecke 55. Straße in Manhattan stellte. Hier verkaufte der 1938 emigrierte Österreicher europäische Luxuswagen. Auf dem Pariser Auto-Salon hatte er ein paar Wochen vorher mit Ferdinand Porsche beschlossen: Er würde die deutschen Flitzer unter die Amerikaner bringen. »Maxie« ist ein Verkaufsgenie: Er schlägt Ferry Porsche vor, die Wagen mit einem Wappen zu zieren. Denn in den USA hat jedes Auto ein Wappen – ab 1954 auch die Porsche. Der Speedster bringt den Durchbruch in Amerika: eine Hoffman-Idee. Während Hoffman die Ostküste beackert, ist an der Westküste sein Freund Johnny von Neumann aktiv, der die 356 unter die Filmstars bringt.

Der Verkauf boomt, der Kundendienst hinkt hinterher. Schon 1952 hat Porsche deshalb Herbert Linge als Ausbilder für Mechaniker hergeschickt. Wolfgang Raether bringt Ordnung in Händler und Kundendienst. Seine Nachfolge tritt im Oktober 1955 der Hanseate Otto-Erich Filius an. Filius gründet die Porsche of America Corporation, Porsches eigenes Kundendienst- und Vertriebsnetz. Hoffman wird 1963 mit goldenem Händedruck verabschiedet: Jeder in den USA verkaufte Porsche bringt ihm 150 Dollar, bis die Million erreicht ist. Aus der Corporation wird über die Jahrzehnte Porsche Cars North America (PCNA), die größte Porsche-Organisation außerhalb Deutschlands.

___ Wir schreiben das Jahr 1950, und die ersten Porsche werden verladen. Es geht über den Atlantik in die USA, wo sich schnell Porsches größter Markt entwickelt.

MOMENTE

86__ Ganz weit weg
Die ersten Porsche für Australien

Sommer 1951 am Großglockner. Norman Hamilton quält sein Oldsmobile bergan. Der Pumpenfabrikant aus Melbourne ist nach Österreich gekommen, um an Staudämmen neueste europäische Technik zu sehen. Was er jetzt aber sieht, ist ein flaches silbernes Etwas, das an seinem Olds vorbeizischt. Wenig später steht der kleine Sportwagen am Straßenrand. Hamilton sagt Hallo zum Fahrer, der stellt sich als Richard von Frankenberg vor: Pressemann und Rennfahrer von Porsche.

Die Männer verstehen sich auf Anhieb, von Frankenberg bringt Hamilton mit Ferry Porsche zusammen. Per Handschlag wird Hamilton zum Porsche-Importeur für Australien. Er bestellt ein fischsilbernes 356 Cabriolet und ein maronenbraunes Coupé. Porsche baut das Cabrio als ersten 356 Rechtslenker der Geschichte. Mit seinem Kumpel Andrew Kennedy holt Hamilton die Wagen am 6. September 1951 beim Werk ab. Auf Achse bringen sie ihre automobilen Kostbarkeiten nach Genua. Die Porsche verschwinden im Bauch der »SS Australia«. Am 1. November stellt Hamilton die beiden 356 ausgewiesenen Sportwagenverrückten in Melbourne vor. Einer sagt: »Für die meisten von uns war ein Porsche eine Ansammlung von exotischen Teilen.« Motorsport ist Werbung, denkt sich Hamilton, fährt Rennen und Rallyes. Bald ist das Cabrio verkauft, aber das Coupé hat eine Prüfung vor sich: ein 10.400 Kilometer langes Rennen rund um Australien im August 1953. Einen Zusatztank schnallt er auf den Dachgepäckträger, bohrt zwei Löcher in die Fronthaube. Durch eines führt der Spritschlauch vom Dach zum Tank, im anderen befestigt Hamilton einen Zusatzscheinwerfer. Der 356 nimmt das alles geduldig hin, überlebt den Zusammenprall mit einem Känguru und kommt auf Platz 14 ins Ziel.

Beide Porsche sind dann für Jahrzehnte verschollen, bis zwei Sammler in Melbourne die Spur aufnehmen, wo sie heute so makellos wie unbezahlbar durch die Straßen rollen.

___ Am 1. November 1951 steht der erste Rechtslenker von Porsche im Showroom in Melbourne, Australien. »Eine Ansammlung von exotischen Teilen«, finden die Aussies.

MOMENTE

87 __ Rallye Monte Carlo 1965

»Ihr könnt ruhig Letzte werden.«

Januar 1965, der 911 wird erst seit vier Monaten produziert, und Pressechef Huschke von Hanstein hat die Idee, den Sportwagen dem gut betuchten Völkchen und vor allem dem Fürsten an der Côte d'Azur vorzustellen. Obermeister Herbert Linge und Versuchsingenieur Peter Falk erhalten den Auftrag, einen der 13 Prototypen runterzufahren. Sie sollen das im Rahmen der weltberühmten Rallye Monte Carlo tun. Aber sie sollen den Wagen um Himmels willen nicht verkratzen. »Ihr könnt ruhig Letzte werden«, gibt von Hanstein seiner Rallyebesatzung mit auf den Weg.

Linge allerdings ist Vollblutrennfahrer, Falk hat bereits Zehntausende Kilometer als Beifahrer auf Rallyestrecken gesammelt. Falk erinnert sich später: »Sobald wir im Auto saßen, war klar: Wir würden schnell fahren. Zum Bummeln waren wir nicht da.« Der Elfer verfügte über einen liebevoll aufgebauten Zwei-Liter-Motor mit ungefähr 150 PS, das Getriebe war kürzer übersetzt, das Sperrdifferenzial gewährleistete besseren Vortrieb auch auf schlüpfrigem Geläuf. Die üblichen Rallyezubehöre wie Überrollbügel, Schalensitze, eine Leselampe und einen Präzisions-Wegstreckenmesser hatten Linge und Falk durch einen Schlauch komplettiert. In diesen Schlauch sprach Falk die beim Training gemachten Streckenaufzeichnungen. Der Schlauch endete an Linges rechtem Ohr. Diese archaische, aber enorm zuverlässige Sprechanlage funktionierte prächtig.

Die Rallye Monte Carlo 1965 ging als eine der schneereichsten und chaotischsten in die Geschichte ein. 237 Teams starteten, aber nur 24 kamen über vereiste Straßen, Schneeverwehungen und durch Schneestürme bis ins Ziel nach Monaco. Ein Porsche 904 eroberte Platz zwei. Der rote 911 mit der Startnummer 147 schaffte einen sensationellen fünften Platz, und Fürst Rainier sah am 25. Januar zum ersten Mal den Elfer vor sich – ohne einen Kratzer im Lack.

___ Rallye Monte Carlo 1965, am Steuer Herbert Linge, Peter Falk auf dem Beifahrersitz. Was als Überführungfahrt zum Fürsten gedacht war, endete auf Gesamtrang fünf der harten Rallye.

MOMENTE

—— Abfahrt zur Rallye Monte Carlo 1965. Fahrer Herbert Linge (r.), Beifahrer Peter Falk auf 911. Fahrer Eugen Böhringer (im Auto) und Rolf Wütherich (l.) auf 904 Carrera GTS.

MOMENTE

88__ Monza, 4. November 1967

Auto zerbrochen, dann fünf Weltrekorde

Monza, 29. Oktober 1967, 12 Uhr mittags. Ein Porsche-906-Rennwagen rollt aus den Boxen. Die Fahrer Jo Siffert, Dieter Spörry, Rico Steinemann und Charles Vögele haben Weltrekorde im Visier. Vier Tage soll gefahren werden: über 15.000 Kilometer, 10.000 Meilen, 20.000 Kilometer, 72 und 96 Stunden wollen sie die Schnellsten der Welt werden.

Zehn Stunden später reißt die Vorderachse aus dem Rahmen. Die Fliehkräfte in der Steilkurve, die erbärmliche Fahrbahn und das Gewicht der Ersatzteile, die laut Reglement im Auto mitgenommen werden müssen, waren zu viel. Es gibt noch eine Hoffnung: Innert 48 Stunden muss die Fahrt wieder aufgenommen werden, dann wären neue Rekorde gültig. Also klingelt Montag früh um sieben bei Porsche das Telefon: »Hilfe!« Drei Stunden später steht der Notfallplan: Zwei 911R – Rennversionen des Elfer – sind so gut wie einsatzbereit. Einer soll die Rekorde knacken, der andere fährt als Ersatzteillager nach Monza. In den Rekordwagen werden zwei fünfte Gänge eingebaut, denn es ist unklar, ob das Zahnradpaar des fünften Gangs 20.000 Kilometer Volllast aushält.

Das rasende Ersatzteillager ist bald unterwegs. Um 18 Uhr ruft der Fahrer von der Schweizer Grenze an: Die Beamten lassen ihn nicht durch, der 911R ist zu laut. Er fährt jetzt über Frankreich nach Turin und Monza. Eine Stunde später ist auch der Rekordwagen unterwegs, es geht über Österreich nach Italien, wo das Röcheln des Rennmotors den Zöllnern Tränen der Begeisterung in die Augen treibt. Dienstag früh sind die zwei 911R in Monza, die Teile werden im Rekordwagen verstaut. Acht Uhr abends: Restart. Das Wetter ist katastrophal, in die Rennreifen wird Profil geschnitten, einmal vereisen die Vergaser. Trotzdem: Am Samstag, 4. November, 20 Uhr, sind alle Rekorde gebrochen: 96 Stunden mit 208,3 km/h.

___ November 1967, der 911R muss beim Weltrekordversuch in Monza 24 Stunden Vollgas überleben. Die Mechaniker checken beim Fahrerwechsel alle wichtigen Funktionen.

MOMENTE

89__ Porsche 917

Heureka dank toter Fliegen

Der Porsche 917 ist 1969 noch ein junger Rennwagen, hat aber bereits einen ganz schlechten Ruf. Von Ferdinand Piëch initiiert, um Porsche auf der Langstrecke unschlagbar zu machen, gilt der windschlüpfige Flachmann mit 560 PS und über 350 km/h Spitze als fast unbeherrschbar. Nach Saisonende geht Porsche im Oktober zu Testfahrten an den Österreichring, um dem 12-Zylinder-Biest die Macken auszutreiben. Aber weder die Werksingenieure noch die Techniker des britischen Partnerteams JWA finden eine Lösung. Bis die Sache mit den toten Fliegen passiert.

Ingenieur Helmut Flegl betreut den schwer erziehbaren 917 bei Porsche und hat senkrechte Heckspoiler mitgebracht. Die erzeugen etwas Abtrieb, vor allem aber ein Heureka-Erlebnis. Flegl, sein Chef Peter Falk und John Horsman von JWA sehen nämlich, dass nach ein paar Runden tote Fliegen nur knapp unter der Oberkante des Spoilers kleben, der Rest ist blank. Die Männer schließen messerscharf: Über dem nach hinten abfallenden Heck strömt die Luft nur die obere Spoilerkante an. Also muss das Heck eine neue Form bekommen: Es muss nach hinten wie ein Keil ansteigen. Aus Alublechen ist ein neues Keilhinterteil schnell improvisiert, und siehe da: Der 917 liegt stabiler, die Rundenzeiten werden schneller.

Jetzt bleibt noch eine heikle Aufgabe: Piëch besucht die Tests. Ihm muss vom Dahinscheiden jener Karosserie berichtet werden, die er radikal auf niedrigen Luftwiderstand getrimmt hat. Falk holt ihn vom Flugplatz ab und erklärt ihm erst einmal, dass der 917 jetzt fünf Sekunden schneller ist. Dann rückt er mit der Nachricht vom Keilheck raus. Piëch ist pikiert, geht an den Boxen schweigend um das Auto herum. Ein Donnerwetter liegt in der Luft. Dann fragt er die Fahrer. Brian Redman und Leo Kinnunen berichten Wunderdinge. Damit ist auch für den Vollblutingenieur die Welt in Ordnung. Und der 917 gewinnt ab jetzt alles, was es zu gewinnen gibt.

___ Das war die Lösung: am Österreichring improvisierten die Techniker ein keilförmiges Heck für den 917 - der Rennwagen lag damit deutlich besser auf der Strecke.

MOMENTE

90_ Le Mans 1970
Die Krone aufgesetzt

Der 4. Juni 1970, 16 Uhr: Porsche gewinnt zum ersten Mal die 24 Stunden von Le Mans. Hans Herrmann und der Brite Richard Attwood siegen im rot-weiß lackierten Porsche 917 Kurzheck von Porsche Salzburg mit der Startnummer 23 – Herrmanns Glückszahl (und Geburtstag, der 23. Februar 1928). Nach der knappen Niederlage im Vorjahr erlebt der Schwabe eine herrliche Genugtuung – und tritt vom Rennsport zurück. Das hatte er seiner Frau bei der Abreise nach Frankreich versprochen. Auch für Attwood ist mit dem Sieg die Welt wieder in Ordnung. 1969 hatte er mit Vic Elford im 917 mit sechs Runden oder knapp 80 Kilometer Vorsprung geführt, als drei Stunden vor dem Ziel die Kupplung einging.

Der erste Porsche-Sieg war hart erkämpft. Sieben Porsche 917 rollten an den Start, der Hauptgegner hieß Ferrari mit elf Rennwagen vom Typ 512. Bald kam der Regen, bald schüttete es, die vier schnellsten Ferrari waren nach knapp drei Stunden und einem Massencrash draußen. Heute ist es unvorstellbar, einen 917 mit 580 PS und 800 Kilogramm Auto volles Rohr durch die Waschküche von Le Mans zu bugsieren. Nach zehn Stunden tauchte die Nummer 23 an der Spitze auf. Und da blieb sie. Als das karierte Tuch rauskam, fuhren von 52 Startern noch sieben in der Wertung. Herrmann und Attwood zirkelten ihren Porsche mit einem Schnitt von rund 191 km/h übers Aquaplaning. Die einzige Schlupfregelung hatten sie im Hirn und im Fuß. Zwei weitere Porsche auf den Rängen machten den Triumph perfekt.

Porsche und der oberste Sportchef Ferdinand Piëch erreichten ein wenige Jahre zuvor noch für unerreichbar gehaltenes Ziel: Schon 1969 hatten die Schwaben mit dem österreichischen Visionär an der Sport-Spitze zwar die Weltmeisterschaft gewonnen, sie taten das 1970 mit dem 917 erneut. Aber die Krone des Langstreckensports wurde und wird nun mal im Département Sarthe vergeben.

___ Porsche 917 im Regen: So sah es 1970 in Le Mans aus. Hans Herrmann und Dick Attwood fuhren ihren rot-weißen Porsche mit ganz viel Gefühl im Gasfuß zum Sieg.

MOMENTE

___ Le Mans 1970: Bei solchem Wetter würde ein Rennen heutzutage hinter dem Safety Car verlangsamt. Damals hieß es: volle Lotte, mit 580 PS durch die Waschküche.

MOMENTE

91__ 1.000 Kilometer von Spa-Francorchamps 1971
Vier Zehntelsekunden

Das 1.000-Kilometer-Rennen am 9. Mai 1971 auf dem Straßenkurs von Spa-Francorchamps in den belgischen Ardennen geht allen unter die Haut und einem Teamchef schwer an die Nerven. Zuerst fährt der Brite Derek Bell auf einem 917 Kurzheck die schnellste Trainingsrunde, die hier je ein Mensch drehte. In 3:14.6 Minuten frisst sein 600-PS-Porsche die 14,1 Kilometer abgesperrter Landstraßen. Durchschnitt 260,8 km/h. Im Rennen löst sich Bell mit dem Schweizer Jo Siffert am Lenkrad ab. Ihre Teamkollegen und ärgsten Gegner sind der Mexikaner Pedro Rodriguez und der Engländer Jackie Oliver. Kurz nach dem Start im Nieselregen setzen sich Siffert und Rodriguez vom Feld ab und machen sich in ein anderes Universum davon, ihre Porsche überrunden das gesamte Feld. Bei irrer Geschwindigkeit fliegen sie nebeneinander auf die Kurven zu, die 917 berühren sich, der Kampf ist knüppelhart. Nach dem Fahrerwechsel hetzt Bell Oliver bis in die letzten Runden gnadenlos um den Kurs. Jetzt wird es dem Teamchef zu bunt. Er lässt den Kampfhähnen ein Signal zeigen: »Positionen halten«. Der Mann mit dem Schild beugt sich in der Mitte der Boxengasse über die Mauer. 50 Meter weiter feuert Siffert Bell an: »Los, gib Gas, schnapp ihn dir!« Bell scheint das zu tun, fährt die letzte Runde teils neben Oliver – dann schießen die zwei Porsche wie im Formationsflug versetzt über den Zielstrich.

Rodriguez/Oliver schlagen Siffert/Bell um vier Zehntelsekunden nach dem schnellsten Straßenrennen der Geschichte. Vier Stunden, eine Minute und 9,7 Sekunden waren die Sieger mit einem Schnitt von 249,069 km/h unterwegs – inklusive Boxenstopps.

Wie gefährlich der Sport war, zeigt der tragische Umstand, dass weder Rodriguez noch Siffert das Ende des Jahres erlebten. Der Mexikaner starb in einem Ferrari bei einem Sportwagenrennen in Nürnberg. Der Schweizer verlor sein Leben in einem BRM-Formel 1 im britischen Brands Hatch.

___ Zwei Porsche 917 in Spa 1971 im innigen Clinch. Die Nummer 21 gewann nach 1.000 Kilometern mit vier Zehntelsekunden Vorsprung. Der Schnitt des Siegers: 249 km/h.

___ Ab Mai 1998 bot Porsche diesen 911 GT1 zum Verkauf an. 1,55 Millionen Mark kostete der erste Mittelmotor-Elfer, ein Basiswagen für den Rennsport.

SUPERSPORTLER

SUPERSPORTLER

92__Porsche 959

Was geht im Sportwagenbau?

Jeder, der ein Herz für Sportwagen hat, kennt den Porsche 959 und kann die technischen Daten auswendig runtersingen. Purste automobile Faszination bot Porsche da von 1986 bis 1988 an. Ein sehr windschlüpfriger Elfer mit einem Motor, der vom Triebwerk des unbesiegbaren Rennwagens 962C abgeleitet war. 2,85 Liter Hubraum, Registeraufladung durch zwei Turbos, daher Schub wie eine Saturn V, und das aus dem Drehzahlkeller. 450 PS in der »zahmen« Version, die knapp vier Sekunden für den Sprint auf 100 Stundenkilometer brauchte. 515 PS für den 959 Sport, der 100 Kilogramm leichter, sehr viel härter und aus diesem Grund für Gebissträger nicht zu empfehlen war. Der Apparat ging laut »auto motor und sport« 339 Sachen.

Aber Porsche war es bei der Entwicklung mehr um Hightech als nur um Highspeed gegangen: Was war im Sportwagenbau möglich? Möglich war ein früher intelligenter Allradantrieb mit ABS, vier vorwählbare Stoßdämpferprogramme, automatische und geschwindigkeitsabhängige Niveauregulierung, eine Karosserie im intelligenten Materialmix von Aluminium, Stahlblech und Kunststoff, Reifendruckkontrolle und weiß der Teufel was. Eigentlich sollte der 959 die Rallye-Weltmeisterschaft gewinnen. Der Plan fiel ins Wasser, als nach schlimmen Unfällen die Turbo-Monster aus der Weltmeisterschaft verbannt wurden. Also startete Porsche beim 14.000 Kilometer langen Sahara-Marathon Paris–Dakar mit dem Hightechauto, das beim zweiten Anlauf 1986 gewann.

292 Exemplare verkaufte Porsche zum Stückpreis von 420.000 Mark an die üblichen Verdächtigen wie Herbert von Karajan, Bill Gates, Boris Becker und Don Johnson. Geld verdient hat Zuffenhausen mit dem 959 nicht, zu teuer waren die Entwicklung und die Produktion. Entwicklungschef Helmuth Bott nannte den 959 das teuerste Werbegeschenk in der Geschichte von Porsche. Das Image der Firma aber hat der Allradler mächtig aufpoliert.

___ Mit dem 959 brachte Porsche Ende der 80er Jahre technische Zukunftsmusik auf die Straße. Ein 2,85-Liter-Doppelturbo katapultierte das Hightechpaket auf über 300 km/h.

SUPERSPORTLER

—— Das war 1986 der ultimative Porsche: der 959 mit intelligentem Allradantrieb und 450 PS in der zahmen Version. Für Extremisten bot der »Sport« 515 Pferdestärken.

SUPERSPORTLER

93__ Porsche 911 GT1 Straße

Der erste Mittelmotor-Elfer

Dieser Supersportler verdankt seine Existenz einem Paragraphen in den Regeln der Gran Turismo Weltmeisterschaft 1996. Für die Teilnahme an der WM musste Porsche von einem geplanten Rennwagen mindestens 25 straßentaugliche Exemplare vorweisen. 1996 bis 1998 baute die Rennabteilung 23 »911 GT1 Straße«. Deutlich mehr, als die WM-Konkurrenten auf die Straße brachten. Die Sportbehörde gab grünes Licht.

Ab Mai 1998 bot Porsche den GT1 zum Jubelpreis von 1.550.000 Mark an, und die Exoten waren sofort vergriffen. Für ihr Geld bekamen die Kunden den ersten Elfer mit einem Mittelmotor. Diese Position erlaubt eine für die Rennerei bessere Gewichtsverteilung und einen großen Heckdiffusor – also eine aerodynamische Hilfe, die den Hinterwagen durch Unterdruck an die Fahrbahn saugt. Der Motor ist der erste wassergekühlte Sechszylinder-Boxer mit einem Vierventil-Zylinderkopf, den Porsche auf die Straße lässt. Dank Biturbo mobilisiert das 3,2-Liter-Kraftpaket 544 PS und 600 Newtonmeter. Die gehen über ein Sechsgang-Schaltgetriebe an die Hinterachse. Das Rennfahrwerk dürfte im Straßenverkehr notorisch unterfordert worden sein, genau wie die riesigen Carbon-Bremsscheiben mit fast 40 Zentimeter Durchmesser und Achtkolben-Bremssätteln an der Vorderachse (hinten: Vierkolben). Für das Chassis wählte Porsche eine Mischbauweise aus Stahlblech für den Vorderwagen und einem Gitterrohrrahmen für die Heckpartie, deren Abdeckung aus Carbon-Kevlar-Kunststoff gefertigt ist.

Mit einem Leegewicht von nur 1.150 Kilogramm sprintete der 911 GT1 in 3,7 Sekunden aus dem Stand auf 100 km/h, nach 10,5 Sekunden waren 200 erreicht, die Spitze lag bei 310 Stundenkilometern. Für 1,98 Meter Breite empfahl sich gutes Augenmaß beim Bereisen von Autobahnbaustellen, und 1,10 Meter Höhe lassen ahnen, dass der GT1-Eigner fürs Ein- und Aussteigen noch recht elastisch in Beinen und Hüfte sein musste.

___ Eine seltene Version des schier unerschöpflichen Themas »911«. Der 911 GT1 Straße wurde 23-mal gebaut. Der Lufteinlass auf dem Dach führt zum Ladeluftkühler.

SUPERSPORTLER

94__ Porsche Carrera GT

Der letzte der alten Schule

Die Vorgeschichte: Für das 24-Stunden-Rennen in Le Mans 2000 entwickelt Porsche einen wunderbaren V10-Rennmotor. Porsche-Chef Wiedeking aber ist nach 16 Gesamtsiegen nicht vom Nutzen eines 17. Erfolgs zu überzeugen. Seine Idee: Wir bauen den zweiten Supersportwagen nach dem 959, und das V10-Kraftpaket wird den Über-Porsche antreiben. Wir bieten den Ferrari, McLaren, Bugatti die Stirn mit einem Rennauto für die Straße, das zuverlässig funktioniert, nicht verhätschelt werden will, den Stau auf dem Weg ins Büro wegsteckt und geht wie der Teufel.

Gesagt, getan. Der 5,7-Liter V10 wird auf 612 PS bei herrlich klingenden 8.900 Touren gezähmt. Für das Chassis aus mehr als 1.000 Teilen Kohlefaser, Magnesium und Aluminium entwickelt Porsche etliche Verarbeitungsverfahren. 70 neue Patente später steht der Wagen auf den Rädern. Selbstverständlich purzeln bei den Tests auf dem Nürburgring mit Walter Röhrl die Rekorde. Die Präsentation des Carrera GT am 28. September 2000 auf den Champs-Élysées stellt eine ganz andere Herausforderung für Röhrl dar: Im Vorserienwagen hängt noch der ruppige Rennmotor, das Gas ist schwergängig und kaum zu dosieren – für die Schleichfahrt zum Louvre bei strömendem Regen denkbar verzwickte Umstände.

Ab Herbst 2003 ist der Carrera GT zum Jubelpreis von 452.400 Euro zu haben. Für die Fahrpräsentation mit den internationalen Medien wählt Porsche den ehemaligen sowjetischen Fliegerhorst Groß Dölln bei Berlin. Die Startbahn ist 4.500 Meter lang, genug, um knapp 330 Sachen zu erreichen. Die 200-km/h-Marke wird nach 9,9 Sekunden im dritten Gang durcheilt, der vierte bei 235 und der fünfte bei 280 eingelegt. Porsche verzichtet auf modische Gimmicks wie Schaltpaddel, verstellbares Fahrwerk oder Launch Control. Der Carrera GT ist ein uriges Gerät, garantiert ohne Zusatzstoffe und Weichspüler. Jay Leno sagt: »Der letzte Supersportwagen der alten Schule.«

___ 70 neue Patente meldete Porsche für den Carrera GT an. Das Produkt gebündelter Ingenieurskunst war Rennfaszination für die Straße, die Porsche auf einer Jet-Startbahn präsentierte.

SUPERSPORTLER

— Der Meister treibt es quer: Walter Röhrl demonstriert im Carrera GT mit ausgeschalteter Schlupfkontrolle das »Power-Übersteuern«. Zur Nachahmung nur Könnern empfohlen.

SUPERSPORTLER

95__Porsche 918 Spyder

Der mit den drei Herzen

918 Spyder: Womit soll die Aufzählung der Superlative beginnen? Porsches erster Plug-in-Hybrid hat gleich drei Motoren: 129 PS leistet eine Elektromaschine an der Vorderachse. 156 Pferdestärken steuert der E-Motor hinten bei. Und dann die 608 PS aus dem 4,6-Liter-V8. Insgesamt 893 PS Systemleistung – mehr hatte noch kein Porsche auf der Straße. »Wundervoll« – das ist die erste Reaktion des Publikums auf dem Automobil-Salon in Genf im Frühjahr 2010.

Schnell stand der Entschluss, 918 Exemplare zu bauen, am 18.9.2013 (US-Schreibweise 9/18) gingen die Künstler in der Zuffenhausener Manufaktur an die Arbeit. Zwei Wochen vorher hatte der Porsche-Ingenieur und Werksfahrer Marc Lieb einen Superlativ in den Asphalt der Nürburgring-Nordschleife gebrannt: 6:57 Minuten! Das hatte noch kein Sportwagen mit Straßenzulassung geschafft. Die Auftragsbücher waren voll. Der Preis von 768.025 Euro erschien der weltweiten, finanziell ausreichend gepolsterten Kundschaft angemessen. Auch 71.600 Euro extra für das Weissach-Paket mit mehr Kohlefaser und 41 Kilogramm weniger Gewicht wurden gelegentlich überwiesen.

Für sein Geld bekam der Kunde eine geballte Ladung automobiler Hightech. Ein Kohlefaser-Chassis, verpackt in eine Kohlefaserhaut. Das Motoren-Dreierpack beschleunigt den 1.634-Kilo-Wagen in 2,6 Sekunden auf 100, bis 200 vergehen 7,3 herrliche Sekunden. Beim Bremsen laden die E-Maschinen als Generatoren die flüssigkeitsgekühlte Lithium-Ionen-Batterie wieder auf. Ein Elektronikpaket fokussiert das Zusammenspiel der Motoren in fünf anwählbaren Kennfeld-Modi mit der Quersperre, der Hinterachslenkung, den Dämpfern, den Flügeln, Spoilern und Luftklappen auf ein Konzentrat von mitreißender Fahrdynamik, untermalt vom Ton zweier unterarmdicker Auspuffrohre oben auf dem V8. Am 19. Juni 2015 sind 918 Exemplare des Spyder gebaut.

___ Der 918 Spyder ist Porsches jüngstes Wort zu Supersportwagen. Und mit 893 PS bislang auch das mächtigste. Der Hybridantrieb des Zweisitzers lotet die Zukunft aus.

— Mit dieser Zeichnung gab Porsche einen Hinweis auf den ersten vollelektrischen Sportwagen aus Stuttgart-Zuffenhausen. Was als Mission E begann, wurde im späten Jahr 2019 zum Taycan.

PROTOTYPEN

PROTOTYPEN

96__ Ein 911 für vier

Gar nicht so einfach

Ein Sportwagen mit vier ausgewachsenen Sitzen. Diese Idee trieb Ferry Porsche bereits lange um, bevor der Elfer im September 1963 Premiere feierte. Schon vom seligen Porsche 356 gab es im Jahr 1952 einen schnittige Limousinenvariante, den 530, der aber nicht in Serie ging. Ferdinand Alexander Porsche entwarf dann 1959/60 den 754 T7, der unter dem pagodenhaften Dach hinten zwar Raum für zwei sehr schlanke Zeitgenossen geboten hätte, aber mit den gängigen Motoren keinen ausreichenden Kofferraum für vier bot. Es blieb beim Prototyp.

1969 folgte der zweite Anlauf. Unter der Konstruktionsnummer 915 zeichnete das italienische Designstudio Pininfarina den B17 mit einem horizontalen Dach und steil abfallendem Heckfenster. Weder die Form noch das Handling des um 20 Zentimeter verlängerten Elfer überzeugten die Testfahrer. Auch der im Haus entstandene Konkurrenzentwurf C20 kam über das Prototypenstadium nicht hinaus: zu teuer, nicht wirklich ein Porsche-Sportwagen. 1988 beschloss der Vorstand das Projekt »989«. Es ging der Firma schlecht, der Kundenkreis sollte vergrößert werden. Der 989 war ein Viertürer mit einem rund 300 PS starken 3,6-Liter-V8-Frontmotor, Heckantrieb und einem gegenüber dem 2+2-Sitzer um gut 55 Zentimeter verlängerten Radstand. 5,9 Sekunden aus dem Stand auf 100 und eine Spitze von 270 km/h hörten sich sehr Porsche-like an.

Den höchst ansehnlichen Prototyp mögen die Mitglieder des Vorstands allerdings nur undeutlich gesehen haben, denn die Entwicklungskosten trieben ihnen die Tränen in die Augen. 600 Millionen D-Mark werden kolportiert, bis zum Produktionsanlauf Mitte der neunziger Jahre wäre wohl eine Milliarde zusammengekommen. Um mit dem 989 Geld zu verdienen, hätte Zuffenhausen den angepeilten Verkaufspreis von 80.000 Mark verdoppeln müssen. Der Aufsichtsrat stoppte das Projekt 989 im Januar 1991. Schade drum.

___ So sollte ein Elfer für vier Insassen aussehen. Die Frontpartie des Prototyps überzeugte, das Heck und die Idee vom vollwertigen Viersitzer wurden verworfen.

PROTOTYPEN

97__Porsche 928 H50

Der erste Viertürer-GT von Porsche

Ein toller Gran Turismo war der Porsche 928. Sein wassergekühlter V8 mobilisierte anständig Power. Dank Transaxle-Bauweise mit Frontmotor und dem Getriebe hinter der Hinterachse bot der Wagen eine exzellente Balance, das Leichtmetallfahrwerk gehörte zum Besten, was es damals zu kaufen gab. Aber für 928er-Freunde galt leider, was auch die Elfer-Enthusiasten durchlebten: Die hinteren Notsitze eigneten sich nur für Kleinkinder, Masochisten oder Yogis.

In einer technischen Fingerübung baute die Belegschaft 1984 für Chef Ferry zum 75. Geburtstag einen echten 928-Viersitzer. Dieser 928-4 blieb aber ein von Ferry viel gefahrenes Unikat. 1987 ging Porsche den Platzmangel mit Blick auf eine Serienproduktion an und entwarf zwei Prototypen mit verlängertem Radstand sowie vier vollwertigen Sitzen: das Projekt 928 H50. Tatsächlich luden im Heck nun zwei große Fauteuils zur bequemen, erdgebundenen Reise mit der Geschwindigkeit eines Sportflugzeugs ein, der Motor war inzwischen auf 4,9 Liter Hubraum gewachsen und gab 320 PS ab, was für 270 Sachen Spitze reichte. Eine Vollederausstattung, ein High-End-Sound-System und eine Klimaautomatik verwöhnten die Insassen im Stil der späten achtziger Jahre. Der Clou des H50 bestand in den vier Türen, wobei die hinteren Türen an der C-Säule angeschlagen waren. Eine B-Säule fehlte, was den Einstieg in den Fond enorm erleichterte.

Was dem Komfort gedient hätte, bedeutete das Ende des Projekts. Nach rund 8.000 Testkilometern befand der Porsche-Versuch das Chassis als zu weich. Ein H50 ging an das Partnerunternehmen ASC, mit dem Porsche den Prototyp hergestellt hatte. Der andere H50 verschwand in einem Hangar, tauchte 2012 bei einer Autoshow im kalifornischen Pebble Beach wieder auf und ist heute im Porsche Museum, Stuttgart, zu bestaunen.

___ Der Prototyp 928 H50: längerer Radstand, vier vollwertige Sitze, keine B-Säule, die hinteren Türen sind an der C-Säule angeschlagen. Es blieb bei zwei Exemplaren.

PROTOTYPEN

98__ Porsche 965

»Bei 300 ein sehr sicheres Gefühl.«

Fast wäre es Wirklichkeit geworden: Ende der achtziger Jahre sollte ein neues Topmodell die Elfer-Reihe krönen, der Startschuss für das Projekt mit der Typnummer 965 fiel 1984. Die Formensprache des Typ 965 orientierte sich mit den flach liegenden Scheinwerfern und dem integrierten Heckflügel am Supersportwagen 959, und dieses Zitat war kein leeres Versprechen.

Die Prototypen beeindruckten – unter anderem bei der Rennabfahrt vom Mont Ventoux – selbst gestandene Versuchsfahrer. Handlicher als der 959 sei der 1.435 Kilogramm leichte Wagen gewesen, berichteten die Männer aus dem Cockpit, aber wirklich kräftig genug. Auf der Hochgeschwindigkeitsstrecke im italienischen Nardo erreichte der Wagen im Herbst 1988 mit einem 3,4-Liter-Biturbomotor und rund 350 PS die 300-km/h-Marke ohne Probleme. Porsche prüfte für den Antrieb auch etliche Alternativen vom wassergekühlten Sechszylinder-Boxer bis hin zu einem V8-Vierventiler, der von einem Renntriebwerk für die amerikanische Indy-Serie abgeleitet war. Der elektronisch geregelte Allradantrieb, die automatische Niveauregulierung und die feine Aerodynamik vermittelten, so berichteten die Versuchsfahrer, auf Anhieb auch bei 300 Sachen »ein sehr sicheres Gefühl«. Auf Wunsch sollte der 965 mit dem blitzschnell schaltenden Porsche-Doppelkupplungsgetriebe PDK ausgerüstet werden.

Als der Entwicklungsvorstand Helmuth Bott sich Ende 1988 in den Ruhestand begab, stoppte sein Nachfolger Ulrich Bez die Entwicklung des 965 gleich zu Beginn seiner Amtszeit wegen steigender Entwicklungskosten und einer geänderten Modellpolitik. Heute ist nur ein Prototyp erhalten. Der mattschwarze »Black Bomber«, wie das Auto in Weissach getauft wurde, verbirgt unter dem Heckdeckel einen großvolumigen V8-Motor von Audi, der für Kühlertests eingebaut wurde. Das Einzelstück ist hin und wieder im Museum zu bestaunen.

___ Ein Modell des Porsche 965 im geheimen Designstudio von Porsche Style. Leider wurde nichts aus dem Projekt eines neuen Top-Neunelfer.

PROTOTYPEN

99__ Porsche 984
Zweisitzer für Einsteiger

Wie viele Designstudien, Versuchsvehikel und Prototypen bei Porsche entstehen und ungesehen der »Delete«-Taste, dem Reißwolf oder der Schrottpresse zum Opfer fallen, wissen auch in Weissach, Zuffenhausen und Leipzig nur wenige. Der 984 hat es immerhin ins Prototypenstadium geschafft, und ein Exemplar überlebt bis heute im Porsche Museum in Stuttgart-Zuffenhausen.

Zwischen 1984 und 1987 arbeitete Porsche an diesem handlichen, leichten und nicht allzu teuren Roadster, der auf die junge Einsteigerkundschaft zielte und intern auch der »Junior« genannt wurde. Und man muss sagen: Das wäre doch was gewesen! Ganz in bester Porsche-Tradition sollten flotte Fahrleistungen bei relativ zivilem Verbrauch durch geringes Gewicht und eine sehr gute Aerodynamik erreicht werden. Teile der Karosserie bestanden aus glasfaserverstärktem Kunststoff. Plexiglas-Seitenscheiben wurden nicht gekurbelt, sondern gesteckt und erinnerten an Ikonen wie den Speedster. Die klassische Heckposition war für einen luftgekühlten Boxer mit 120 bis 150 PS vorgesehen. Der Stahl-Kastenrahmen erwies sich auf Anhieb als sehr steif. Heckantrieb (anfangs war von Allrad die Rede), das Doppelquerlenker-Fahrwerk und die Bremsen vom 911 versprachen ein klasse Handling. Ein damals futuristisches Klappverdeck aus festem Kunststoff toppte das ganze appetitliche Paket.

Am 31. Juli 1987 unternahm der Prototyp die erste Fahrt auf den Landsträßchen um Weissach. Am 15. Februar 1988 wurde der Roadster auf Komfort getestet. Aber zu dieser Zeit schlug der stark fallende Dollarkurs bereits tiefe Dellen in die Verkaufszahlen. Statt neue Modelle zu entwerfen, hieß es unversehens, eine Richtung aus der Absatzkrise zu finden. Also: Adé, Roadster! Allerdings kam er dann noch schöner zurück. 1993 stand auf der Automesse im amerikanischen Detroit ein kompakter Porsche-Zweisitzer namens Boxster.

___ Ein Traum für junge Porsche-Fans. Den Typ 984 entwickelte Porsche als verhältnismäßig preisgünstigen Einsteiger-Sportwagen. Das Projekt wurde 1988 gestoppt.

PROTOTYPEN

100__Porsche Taycan

Flüstertour im Grenzbereich

Die Linie der Seitenfenster, die vorderen Kotflügel, die breiten Schultern über der Hinterachse: Klar, das ist ein Porsche. Es grüßt der 911. Aber der Sound! Generationen lauschten verzückt dem Sechszylinder-Boxer. Mit dem Jahr 2020 wird es beim Porsche Taycan nurmehr ein Surren von zwei Elektromotoren sein.

Gähn also? Mitnichten! Denn die E-Maschinen bringen 440 kW oder 600 PS an die Achsen des Leichtgewichts aus Kohlefaser, Alu und Stahl. Eine feinfühlige Kraftverteilung spürt Schlupf im Ansatz auf. Die Allradlenkung verleiht dem Taycan die Wendigkeit eines Slalom-Olympioniken. Aus dem Stand soll es unter 3,5 Sekunden auf 100 km/h gehen, acht Sekunden später liegen 200 an. Für die Runde auf der Nordschleife kalkuliert Porsche unter acht Minuten. 7:59 Min. Dauergrinsen beim Fahrer, und die Freunde draußen können sich mitfreuen, denn eine Kamera im Innenspiegel erkennt die Laune des Chauffeurs, der die gute Nachricht in Echtzeit via soziale Medien übertragen kann. Dazu braucht es keinen Knopfdruck – ein holografisches Bedienfeld wird mit Blicken und Gesten kommandiert. Überhaupt ist der Taycan kommunikationsfreudig: Per Porsche Car Connect kann der Sportwagen über Tablet oder Smartphone nach persönlichem Gusto aufgebrezelt werden: Fahrwerkeinstellung, Motor, Infotainment. Zubehör, Mehr-PS oder besonders heiße Set-ups bietet Porsche im Connect Store an. Lieferung per Highspeedleitung.

Ein Lenkrad gibt es noch. Die fünf klassischen Rundinstrumente ebenfalls, allerdings als Leuchtdioden, die jeder Bewegung des Fahrers folgen. Für 500 Kilometer soll eine Ladung der Lithium-Ionen-Batterie im Wagenboden reichen. Nach 15 Minuten an einer 800-Volt-Station soll die Batterie zu 80 Prozent voll sein. Mit 400 Volt oder über die Induktionsschleife in der Garage tankt der Taycan länger. Dann kann es losgehen zur Flüstertour im Grenzbereich.

___ So etwa soll es aussehen, wenn der Porsche Taycan ab 2020 Energie tankt. Pardon: lädt. Gemeinsam mit anderen Herstellern baut Porsche ein Netz von Ladestationen auf.

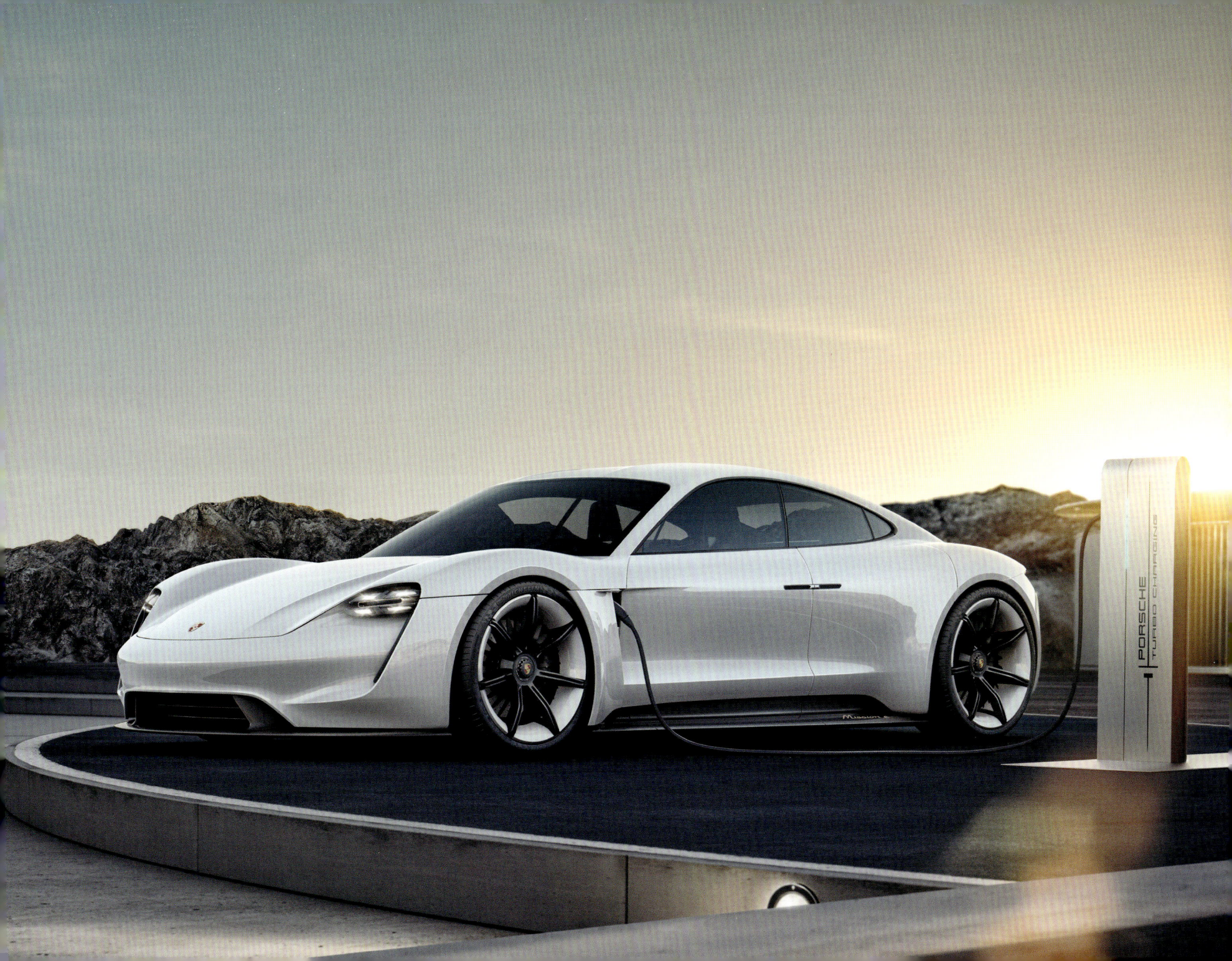

PROTOTYPEN

—— Aufbruch in eine neue Zeit. Der vollelektrische Sportwagen »Taycan« kann per Highspeed-Datentransfer stets den Wünschen des Fahrers angepasst werden.

— Zwei Porsche 914/6 in einer der Steilkurven von Daytona. Die Rennstrecke in Florida ist eine der berühmtesten der Welt, und Porsche ist hier Rekordsieger.

DIE TOLLSTEN STRECKEN

DIE TOLLSTEN STRECKEN

101 — 24 Stunden von Daytona

Lange Nacht in Florida

24 Stunden in Daytona sind eine andere Sache als 24 Stunden in Le Mans. Das Rennen in Florida geht im Januar über die Bühne, weshalb die Tage kurz sind und die Nacht sehr lang, dunkel und kalt wird – anders als im französischen Sommer. Der Daytona International Speedway ist nicht mal halb so lang wie der Circuit des 24 Heures. Auf 5,729 Kilometern balgen sich aber mindestens ebenso viele Starter, weshalb es eng und hektisch zugeht.

Eigentlich ist der Speedway ein typisch amerikanischer Nudeltopf: drei überhöhte Kurven, verbunden durch Geraden. Aber bei den 24 Hours zischen die Rennwagen nur durch zwei Steilkurven und biegen dann ins Innenfeld ab, wo ein verwinkelter Kurs liegt. Die Teams stehen in Daytona vor eigenwilligen Herausforderungen: Wie stimme ich ein Auto so ab, dass es in den Steilkurven nicht auf Block geht und sich trotzdem im Innenfeld anständig fahren lässt? Wie improvisiere ich an der Boxengasse meine kleine Werkstatt? Denn in Daytona gibt es keine permanenten Boxen wie in Le Mans. Anders als in Le Mans, wo an den Boxen auch schon mal Stille herrscht, wenn sich die Rennautos auf den 13,5 Kilometern im Wald verlieren, dröhnt es in Daytona 24 Stunden ununterbrochen – auch das ist ein Faktor, der bei der Boxenmannschaft besondere Nehmerqualitäten erfordert.

1959 öffnete der Speedway seine Tore, 1966 wurde das erste 24-Stunden-Rennen gefahren. Hans Herrmann und Herbert Linge zirkelten einen Porsche 906 auf den sechsten Platz. Zwei Jahre später gelang Porsche ein Dreifachsieg. Vic Elford und Jochen Neerpasch fuhren den siegreichen 907, Pressechef Huschke von Hanstein setzte auch Stommelen, Siffert und Herrmann kurz in das Auto, womit nun alle als Sieger in den Annalen stehen. Mit 22 Gesamtsiegen besetzt Porsche in Daytona eine einsame Bestmarke. Porsche als Rekordhalter – das ist dann doch etwas, was Le Mans und Daytona gemeinsam haben.

— Das ist Daytona: Im Hintergrund eine Steilkurve, der 1968 siegreiche Porsche 907 fährt bereits im kurvenreichen Innenfeld, wo auf der Wiese auch Fans campieren.

DIE TOLLSTEN STRECKEN

___ Vier Porsche 907 im Jahr 1968 an den Boxen in Daytona. Die Fässer auf den Stelzen stellen die Tankanlagen dar, und nachts pfiff den Mechanikern ein kalter Wind um die Ohren.

DIE TOLLSTEN STRECKEN

102__Die 12 Stunden von Sebring

»Doppelt so qualvoll«

Die 12 Stunden von Sebring: Amerikas ältestes Langstreckenrennen. Der Veranstalter sagt stolz: »Unser Rennen dauert nur halb so lang wie das in Daytona. Aber es ist doppelt so qualvoll.« Insider nicken zu diesem Satz. Etliche Teams sehen Sebring als idealen Härtetest für die 24 Stunden von Le Mans an. Vor allem wegen der Betonplatten. Ja, der aktuell rund sechs Kilometer lange Kurs führt teils über Betonplatten mit breiten Fugen, die jedes ansatzweise fragile Rennauto in die Bestandteile zerschütteln.

Die Platten stammen aus dem Zweiten Weltkrieg, als die Army hier einen Flugplatz betrieb. Nach dem Krieg passierte auf dem Hendricks Army Airfield zunächst wenig. Aber 1950 fegten die ersten Rennwagen über den Beton, am 15. März 1952 fiel erstmals die Startflagge zum 12-Stunden-Rennen. Hier konnte Porsche in den frühen Jahren mit kleinen, leichten Rennwagen die »Großen« ärgern. 1960 holten Hans Herrmann und der Belgier Olivier Gendebien im 718 RS60 mit einem 1,6-Liter-Motor und 160 PS den ersten Gesamtsieg für Porsche, das Auto hieß bald der »Giant Killer«. 1969 zahlte Porsche Tribut an den Beton: Nachdem die 908/02 anfangs locker führten, brachen die leichten Rohrrahmen. Die Porsche-Monteure sägten Flacheisen aus der Boxen-Tankanlage und schienten die Rahmen. Der Sieg war dahin, Platz drei ein schwacher Trost. Unvergessen ist der zweite Platz von Steve McQueen/Peter Revson 1970. McQueen fuhr seinen eigenen 908/02 nach einem Motorradunfall mit eingegipstem Bein!

Porsche steht mit etlichen Rekorden in den Sebring-Annalen. Da sind 13 Gesamtsiege in Folge – von 1976 bis 1988 –, da ist 1986 Derek Bells schnellste Rennrunde auf einem 962. Seine 210,4 km/h sind bis heute nicht übertroffen. Da sind die 18 Gesamtsiege bisher. Der jüngste gelang 2008 mit dem RS Spyder, der anderen Rennwagen auf dem Papier deutlich unterlegen war – wieder mal ein Giant Killer.

___ Rennen auf einem alten Flugplatz der Armee. Der Fahrer Jo Siffert wartet an seinem Porsche 907 Kurzheck 1968 auf den Start des 12-Stunden-Rennens in Sebring.

DIE TOLLSTEN STRECKEN

103 __ 1.000 Kilometer Nordschleife

Eifeler Flugtage

Die Nürburgring-Nordschleife: knapp über 20 Kilometer durch die Hügel der Eifel. 170 Kurven, Berg und Tal, Kuppen und Sprunghügel, Belagwechsel und verrücktes Wetter. Die härteste Rennstrecke der Welt, sagen viele. Porsche gewann hier 1967 zum ersten Mal ein großes Rennen, die »1.000 Kilometer«. Joe Buzzetta und Udo Schütz schafften das Kunststück mit einem 910. 1968 siegten Vic Elford und Jo Siffert im 908.

Nur vom Ring lassen sich Geschichten erzählen, die Elford zum Besten gibt: »Mit dem 908 sind wir im Streckenabschnitt ›Brünnchen‹ geflogen. Du kommst von der Adenauer-Brücke durch eine Rechtskurve, dann folgen ein paar Linksbiegungen, und dann beginnt der Aufstieg zum Karussell. Auf dem Weg geht es mit 270 Sachen durch eine ganz leichte Linksbiegung, wo die Strecke über eine kurze Distanz wieder ein wenig abfällt. Dort hoben wir ab. Wir waren nie sehr hoch in der Luft. Aber weil die Fahrbahn abfiel, flogen wir 40 Meter weit. Kein Problem, der 908 hatte ein hübsches Flugverhalten.« Elford und Jo Siffert gewannen das Rennen mit einem Rekordschnitt von 152,96 km/h. Über 1969 berichtet Elford: »Später fuhr ich dort im Training mal eine 908/02 Flunder, diesen flachen, offenen Rennwagen mit 350 PS. Die Flunder flog nicht gut. Sobald ich abhob, stieg die Nase des Autos auf. Ich rutschte auf dem Heck dahin, bis der Bug wieder auf die Fahrbahn krachte.«

Speziell für Kurvenorgien wie die Nordschleife entwickelte Porsche sogar einen sehr wendigen Rennwagen, den 908/03 – der gewann dort 1970 und 1971. Beim letzten 1.000-Kilometer-Rennen auf der Nordschleife 1983 verewigte Stefan Bellof den Namen Porsche im Geschichtsbuch der Strecke: Im Qualifikationstraining flog er am 28. Mai mit dem Porsche 956 in 6:11.13 Minuten um den 20,832 Kilometer langen Kurs. Durchschnitt 202,073 km/h. Die Bestmarke steht für immer, genau wie Porsches Rekord von zehn Gesamtsiegen.

___ Nirgends waren Rennwagen so viel in der Luft wie auf der Nürburgring-Nordschleife. Jo Siffert und Vic Elford gewannen in diesem 908 das 1.000-Kilometer-Rennen 1968.

DIE TOLLSTEN STRECKEN

104__Le Mans

Toujour l'amour, manchmal fou

Porsche in Le Mans: weit über 100 Klassensiege, 19 Gesamtsiege und 18 Trainingsbestzeiten. Der Sieg von 1971 gelang mit einem Schnitt vom 222,3 km/h – dieser Rekord stand 39 Jahre lang. Die längste Siegesserie (von 1981 bis 1987), die meisten Autos in den Top Ten (neun waren es 1983).

Der erste Turbo in Le Mans war 1974 ein Porsche, der erste Sieger mit Turbo 1976 auch. Der erste Allradler im Ziel war 1986 ein Porsche. 2015 brachte Porsche den fortschrittlichsten Hybridantrieb an den Start, der nicht nur beim Bremsen, sondern mittels einer Turbine auch bei Vollgas die Batterie lud – und gewann. 2016 und 2017 machte Porsche mit dem Rennwagen vom Typ 919 Hybrid den Hattrick perfekt. Seit dem ersten Start 1951 waren auf dem Circuit du Mans 200 Kilometer westlich von Paris jedes Jahr Porsche-Sportwagen am Start, 799 bis 2018 – auch das ist ein Rekord.

Porsche und Le Mans: Das sind große Geschichten. Und kleine Anekdoten: Wie der erste Start fast ins Wasser gefallen wäre, weil ein Mechaniker einen 356 SL auf der Autobahn zerlegte, der Rennchef bei der Streckenbesichtigung in Le Mans einen weiteren Porsche kampfunfähig machte, dann im Training der dritte sein vorzeitiges Ende fand und die Franzosen Auguste Veuillet und Edmond Mouche mit dem Ersatzauto die Klasse gewannen. Wie der Franzose Claude Storez seinen Porsche 550 A Spyder 1957 ab der 23. Stunde eine Stunde lang bis ins Ziel schob. Dann freute er sich über Platz sieben. Dann flog er aus der Wertung. Und Paul Frère, der legendäre Rennfahrer und Journalist. 1958 war das Wetter so katastrophal, dass Frère mit seinem 718 RSK Spyder in der Nacht völlig unterkühlt die Boxen anlief, sich dann aber so gut aufwärmte, dass er das kleine Auto auf den ersten Platz in der Klasse bis 1,5 Liter fuhr und dabei ein paar Drei-Liter-Ferrari abhängte.

___ Die grandiose Kulisse von Le Mans. Letztmals wird 1969 der traditionelle »Le-Mans-Start« zelebriert, bei dem die Fahrer quer über die Zielgerade zu ihren wartenden Autos rennen.

DIE TOLLSTEN STRECKEN

—— Die Boxen von Le Mans 1954 vor dem Start. Porsche ist mit vier 550 Spyder dabei. Die Zielgerade wimmelt von Menschen.

DIE TOLLSTEN STRECKEN

105__Rallye Paris–Dakar
Drei Starts, zwei Siege

Seit 1979 gab es die Rallye Paris–Dakar, 1984 gewann zum ersten Mal ein Sportwagen. Es war der Porsche 911 3.2 4x4 – ein Ahne des Allrad-Elfers für die Straße, der erst 1988 kommen würde. 1985 war Porsche wieder dabei: Der Supersportwagen 959 sollte sich über 14.000 Wüstenkilometer bewähren. Genauer: die Kraftübertragung, die Karosserie und das Fahrwerk; der Motor war wie im Vorjahr ein Sauger mit 225 PS – kein Porsche kam ins Ziel. 1986 startete der 959 mit einem luft-/wassergekühlten Vierventiler-Biturbo und 400 PS. Dazu das elektronisch geregelte Allradsystem. Ergebnis: Doppelsieg.

Drei Mal Dakar, unendlich viele Geschichten. 1984 hielt den späteren Sieger René Metge auch der Zusammenstoß mit einer Kuh nicht auf. Schlafmangel gehörte zur Dakar wie der Sand. Die Mechaniker fuhren in Lkw der Rallye hinterher oder flogen von Camp zu Camp. Im Flugzeug schliefen sie im Stehen ein. Ingenieur Roland Kussmaul, der Vater der Rallyeautos, fuhr eines als »rasende Servicestation« und überschlug sich zwei Mal. Aber auch er brachte seinen Porsche ans Ziel. 1985 der Totalausfall: Jochen Mass rollt seinen 959, Jacky Ickx rammt einen Fels, in Metges Motor bricht eine Ölleitung.

1986 sind sie wieder da: Metge siegt vor Ickx, Kussmaul im rasenden Service wird Sechster. Rennleiter Falk resümierte 1986: »Das Zusammenleben und -arbeiten unter primitivsten Bedingungen, der Stress, die Müdigkeit, Durchfall und Erkältungen, erforderten höchste Anpassungsfähigkeit, Genügsamkeit, Toleranz und Hilfsbereitschaft. Unterschiede zwischen Fahrer, Ingenieuren und Mechanikern gab es nicht. Durch den Ausfall zweier Servicefahrzeuge ... wurde die Lage prekär, da die Hälfte der Ersatzteile und vier Arbeitskräfte nicht mehr verfügbar waren. Durch große Disziplin, gute Moral und einen Schuss Galgenhumor konnten alle Schwierigkeiten überwunden werden.«

___ René Metge und Dominique Lemoyne gewannen 1984 auf einem 911 Carrera 3.2 4x4 die Rallye Paris–Dakar. Es war Porsches erster Start bei dem Wüsten-Marathon.

DIE TOLLSTEN STRECKEN

___ Das sieht abenteuerlich aus – und das ist es auch. Der 911 Carrera 3.2 4x4 von 1984 erreichte auf ebenem Geläuf wie diesem in der Sahara über 200 km/h.

DIE TOLLSTEN STRECKEN

106__ Targa Florio

72 Kilometer, 800 Kurven – pro Runde

Heute beleben Spatzen die Tribune di Cerda. Ansonsten ist es ruhig geworden um die alte Boxengasse und Tribüne an der Straße beim Städtchen Cerda im Norden von Sizilien. Ein Nagel steckt im bröckeligen Beton der ehemaligen Porsche-Box. 1969 hat ihn Rennleiter Peter Falk eingeschlagen, um ein Kabel der Funkanlage daran aufzuhängen.

In der Stille ist es schwer vorstellbar, wie hier Tausende Zuschauer jubelten und schrien, wenn die Rennwagen der Targa Florio vorbeidonnerten oder zum Nachtanken in die Boxen rauschten. Wenn die Alfa Romeo, Ferrari, Chaparral, Lola und Porsche unter infernalischem Motorenlärm rausbeschleunigten und die nächste Runde unter die Räder nahmen: 72 Kilometer mit 800 Kurven, schmale Bergsträßchen rauf bis 700 Meter und wieder runter zur fast sieben Kilometer langen Buonfornello-Geraden am Meer. Trainiert wurde im offenen Straßenverkehr zwischen Eselskarren und Lastwagen, es ging mit vollem Hammer durch die engen Dörfer. Immerhin hatte Vincenzo Florio als Erfinder und Veranstalter des Rennens die Bevölkerung gewarnt: »Sperrt eure Kinder und Haustiere besser ein.« Nur am Renntag gehörte die Straße den Rennfahrern allein.

Von 1955 bis 1973 stand die Targa Florio im Kalender der Weltmeisterschaft. 1956 kam Porsche mit dem kleinen 550A Spyder erstmals her. Das Werksteam bestand aus dem Renn- und Pressechef Huschke von Hanstein, seiner Gattin Ursula (Verpflegung), den Mechanikern Willi und Werner Enz sowie dem Rennfahrer Umberto Maglioli. Der fuhr den großen Maserati, Ferrari und Mercedes mit seinem 550-Kilo-Winzling und 135 PS auf und davon und gewann. Es war Porsches erster Gesamtsieg bei einem großen Rennen. Bis 1973 folgten zehn weitere. Kein Hersteller hat mehr gewonnen, und nie wird ein Auto den Rundenrekord knacken, den der Finne Leo Kinnunen 1970 mit dem Porsche 908/03 in den Asphalt brannte: 33 Minuten, 36 Sekunden, Schnitt 128 km/h.

___ Der Rennfahrer Umberto Maglioli macht sich fertig zum Start bei der Targa Florio. Es ist der 10. Juni 1956, und er wird den ersten Gesamtsieg für Porsche holen.

DIE TOLLSTEN STRECKEN

___ Hier zirkelt Herbert Müller einen 911 Carrera RSR 2.8 zum Sieg bei der Targa Florio 1973. In diesem Jahr war das Straßenrennen letztmalig ein WM-Lauf.

___ Mancher Porsche-Sieg war hart erkämpft, und manches Rennen ging auf den letzten Metern verloren. Auch mit diesem 908 erlebte das Porsche-Team eine Zitterpartie …

ZITTERPARTIEN

ZITTERPARTIEN

107_Fahrrad verfolgt Porsche
Reifenplatzer bei 175 Sachen

Extremsportler jeglicher Art produzieren Heldengeschichten; glückliche und unglückliche. Hier ist eine, die glücklich und unglücklich zugleich endete. Es geht um den Franzosen Jean-Claude Rude, Jahrgang 1954, einen Extrembiker, wie wir heute sagen würden.

Jean-Claude hatte sich nach dem Gewinn einiger burgundischer Titel im Zeitfahren vorgenommen, der schnellste Radler der Welt zu werden. Dazu brauchte er einen anständigen Windschatten. Porsche schenkte der Idee ein offenes Ohr und baute einen Riesenspoiler im Format eines bescheidenen Gartenhauses auf das Heck eines Typ 935. Wie am Schrittmacher-Motorrad beim Steherrennen gab es unten am Heck des Porsche eine horizontale Rolle. Für einen optimalen Windschatten musste Rude möglichst nah an der Rolle bleiben. Da der 800 PS starke Biturbomotor des Porsche bei Lastwechseln lange Flammen aus dem Auspuff spuckte, zeigten die Auspuffendrohre zur Seite. Am Steuer des Porsche saß der Rennfahrer Henri Pescarolo, der von einem sehr eigenwilligen Fahrverhalten des bespoilerten 935 berichtete. Das Ziel lautete, schneller als die 204,8 km/h des französischen Cyclisten José Meiffret zu sein, die dieser 1962 auf einem abgesperrten Teil der A5 nahe Freiburg hinter einem Mercedes 300 SL erreicht hatte.

Rude brachte viel Mut, gesunde Lungen, kräftige Beine und ein Fahrrad mit, das bei jeder Umdrehung des Kettenblatts 27 Meter zurücklegte. Im August 1978 ging es auf der VW-Prüfstrecke Ehra-Lessien bei Hannover zur Sache, und bis 175 km/h ging es auch prima. Dann platzte Rudes Hinterreifen. Unglücklicherweise war der Rekordversuch damit gescheitert. Glücklicherweise blieb der Franzose unverletzt. Ein Jahr später hatte Jean-Claude Rude wieder Glück, als er – diesmal ohne Porsche – bei über 150 km/h unsanft abstieg. 1980 ging Jean-Claude das Glück aus: Er stürzte bei einer Trainingsfahrt in Frankreich und starb.

___ August 1978, der Rennfahrer Henri Pescarolo (r.), der tollkühne Jean-Claude Rude und der 800 PS starke Porsche 935 vor dem Start zu Rudes Rekordversuch.

ZITTERPARTIEN

108__ Le Mans 1969

24 Stunden, 120 Meter Rückstand

Sonntag, der 15. Juni 1969: Wer Rennsport liebt und nicht in Le Mans sein kann, hockt vorm Fernseher. Die verwackelten Schwarz-Weiß-Bilder aus dem Flugzeug zeigen, wie der kleine Porsche 908 mit Hans Herrmann und der Ford GT40 mit Jacky Ickx die Kilometer der Rennstrecke fressen. Wie die Autos sich bei irrwitziger Geschwindigkeit oder beim Bremsen ganz nah kommen, berühren – da stockt der Fangemeinde vor der Mattscheibe der Atem. Schließlich die Bilder von der Zielgeraden, wie der GT40 nach 24 Stunden an dem Mann mit der karierten Flagge vorbeirast und zwei Sekunden später der Porsche da ist. 120 Meter Rückstand nach 24 Stunden.

Fünf Stunden hatten der Porsche mit dem Dreilitermotor und der GT40 mit dem V8-Fünflitertrumm im Clinch gelegen. Dieses Duell kam unerwartet, denn die Favoriten waren die neuen Porsche 917, die Trainingsrekorde aufstellten, Fabelrunden drehten und mit Weltenabstand führten, bis beide ausfielen. Plötzlich ging es für den GT40 und den 908 um den Sieg. Wobei das für Herrmann und seinen Teamkollegen Gérard Larrousse nicht ganz selbstverständlich war. Schon am Samstagnachmittag hatte ihr 908 mit einem kaputten Radlager 35 Minuten in der Box gestanden. Dann hatten der Schwabe und der Südfranzose das Messer zwischen die Zähne genommen und dem Ford den Vorsprung abgejagt. Herrmann hätte den Schlussfight gegen Ickx vielleicht gewonnen, wäre da nicht die rote Warnlampe im Cockpit gewesen. Sie leuchtete, und das bedeutete: Die Bremsbeläge sind runter, du musst ganz schnell an die Box. Herrmann fuhr eine Stunde lang mit der Lampe im Cockpit weiter, trug das Auto um den Kurs und riskierte vielleicht nicht das Allerallerletzte. Schlaue Kritiker meldeten sich zu Wort.

Ein Jahr später kam er zurück und holte für Porsche den ersten Sieg in Le Mans. Bei einem saugefährlichen Regenrennen. Gute Fahrer beantworten Kritik mit dem Gasfuß, sagt man.

___ Die »120 Meter von Le Mans« – Mit knappem Abstand schlägt Jacky Ickx im Ford Hans Herrmann auf einem Porsche 908 nach einem heute legendären Duell.

ZITTERPARTIEN

109__Daytona 1977

Keine Tür, aber Lippenstift am Rücklicht

Porsche hat bei der Marken-Weltmeisterschaft 1977 ein neues Ass im Ärmel: Der 2,85-Liter-Motor des 935 wird jetzt von zwei statt nur einem Turbolader beatmet und schiebt mit 630 PS kräftig an. Das ist reichlich für 790 Kilogramm Auto.

Um der US-Kundschaft das Kraftpaket vorzuführen, schickt Porsche die Renn-Asse Jacky Ickx und Jochen Mass mit einem 935 zum 24-Stunden-Rennen nach Daytona, Florida. Mass dreht die schnellste Trainingsrunde, Ickx ist als Startfahrer beim Rennen der schnellste Mann. Dann übernimmt Mass das Auto, und das Pech schlägt zu. In der schnellen Steilkurve platzt ein Reifen, der 935 kracht in die Mauer. Der Ölkühler, ein Rad und andere Teile kriegen was ab, eine Tür fliegt weg. Mass rettet das Auto an die Boxen. Da reparieren sie, haben aber keine neue Tür. Egal, Mass fährt nach einer Stunde ohne Tür los, was den Streckenposten nicht gefällt. Sie machen den Porsche-Leuten klar: »Entweder eine Tür rein, oder euer Auto ist raus.« Ein Kunde spendet die Tür seines 911. Es geht weiter, die Dunkelheit kommt. Und mit ihr die Aufpasser: »Ihr habt kein Rücklicht ... so fahrt ihr nicht weiter.« Aber Porsche-Leute können improvisieren. Sie nehmen eine Taschenlampe, färben das Glas mit Lippenstift (Woher kam der denn?), pappen die Lampe an das Auto.

Und weiter geht es durch die Nacht, allerdings jetzt auf Platz 42. Mass und Ickx brennen ein Feuerwerk ab: Der 935 fliegt um den Kurs und geht durch das Feld wie das heiße Messer durch die Butter. Im Morgengrauen liegt der Porsche auf Platz zwei, an der Box schnuppern Männer mit schwarzen Rändern unter den Augen Siegesluft. Und dann: Mass im Auto, Reifenplatzer in der Steilkurve, der 935 schlägt wieder mit rechts ein – und wirft inklusive beider Räder alles ab, was raussteht. Nein, nicht ganz: Der Außenspiegel bleibt dran. Mass ist unverletzt, aber dieses Wrack bewegt sich keinen Millimeter mehr.

___ Das Ende einer sehr turbulenten Dienstfahrt in Daytona, 1977. Zwischendurch war der Porsche mal in eine Mauer eingeschlagen, ohne Tür und mit Taschenlampe unterwegs ...

ZITTERPARTIEN

110__Le Mans 1977

Porsches einziger Fünfzylinder-Sieg

Porsche hat 1976 beim 24-Stunden-Rennen in Le Mans alle Klassen gewonnen und den ersten Gesamtsieg mit einem Turbomotor geholt. Das kann Renault nicht auf sich sitzen lassen und schickt 1977 eine Streitmacht von vier A 442 Turbo und zwei Mirage-Rennwagen mit Werksmotoren an den Start. Porsches Abordnung besteht aus nur zwei 936 Spyder und einem 935.

Wenige Stunden nach dem Start sieht es am Samstagabend für die Stuttgarter mau aus: Ein 936 Spyder und der 935 sind mit Motorschäden ausgerollt. Der letzte 936 Spyder mit Jürgen Barth und Hurley Haywood fährt nach dem Tausch der Einspritzpumpe neun Runden hinter dem führenden Renault auf Platz 42. Aber Le Mans ist lang, es kann viel passieren. Und es passiert viel. Um halb neun abends setzt Rennleiter Peter Falk den Belgier Jacky Ickx als dritten Fahrer auf das überlebende Auto. Der wird zum Mann des Rennens, dreht in der Nacht eine Rekordrunde nach der anderen, repariert einmal draußen auf der Strecke, als ein Flachriemen für die Einspritzpumpe abspringt, setzt nur für kurze Zwangspausen aus, in denen Barth das Höllentempo durch Regen und Nebel weiter hält. Die Renault müssen mithalten, was den Wagen aus Dieppe nicht bekommt. Am Sonntagmittag ist der letzte A 442 Turbo aus dem Rennen. Alles klar, wie es scheint. Nach 23 Stunden liegt der Porsche 250 Kilometer vor dem Zweiten.

Und da passiert es: keine Leistung mehr, viel Qualm – ein Kolben ist durchgebrannt. An der Box wird der Zylinder totgelegt, und die bange Frage lautet: Schafft es unser Auto noch einmal um die Strecke? Denn im Reglement steht: Wer gewinnen will, der muss nach 24 Stunden unter eigenem Dampf über die Ziellinie rollen. Das Rennen dauert bis Sonntag, 16 Uhr. Jürgen Barth klettert kurz vorher in den todkranken Porsche und trägt das Auto zwei Runden um den Kurs. Dann hat Porsche die Zitterpartie gewonnen.

___ Der Motor ist todkrank, an der Porsche-Box herrscht Höchstspannung. Minuten vor Rennende fährt Jürgen Barth los. Der Motor hält, der Sieg 1977 ist gerettet.

ZITTERPARTIEN

111__Le Mans 1987

Süßer Triumph in hartem Jahr

Seit 1982 war Porsche mit dem 956, dann mit dem 962C in Le Mans unbesiegt, bis 1986 hatten die Stuttgarter mit dem Rennwagen jedes Jahr die Langstrecken-WM gewonnen. Aber 1987 wurde es eng. Jaguar war zu einem starken Gegner geworden, der Porsche ein ums andere Mal schlug. Vor Le Mans stand es 4:0 für die Briten. Aber zumindest bei den »24 Stunden« wollte Porsche noch einmal zeigen, dass das Team und sein angejahrter Rennwagen noch zu den Schnellsten gehörten.

Vier 962C baute Weissach auf. Einen zerstörte Hans-Joachim Stuck dort schon bei einer Probefahrt. Sein Teamkollege Price Cobb zerlegte in Le Mans im Training den zweiten 962C. Damit blieben fürs Rennen zwei übrig. Jochen Mass, Bob Wollek und Vern Schuppan teilten sich das Cockpit des Porsche mit Startnummer 18. Stuck, Derek Bell und Al Holbert würden den Marathon mit der Nummer 17 angehen. Marathon, na ja: Nach einer Stunde war das Rennen für Nummer 18 vorüber. Eine Zylinderbank des Sechszylinder-Turbo war schwer beschädigt – das Triebwerk war am minderwertigen Sprit des Veranstalters zugrunde gegangen.

Jetzt hatte das Porsche-Team noch ein Auto im Rennen, 23 Stunden vor und drei Jaguar gegen sich. Dann ging der Samstag zu Ende, und mit der Dunkelheit kam Nieselregen. Stuck schaute in den Himmel und frohlockte. Nicht umsonst nannte man den Bayern den »Regenkönig«. Drei Stunden blieb Stuck im Cockpit. Als er fertig war, sah er fünf Jahre älter aus und hatte den schnellsten Jaguar um eine ganze Runde abgehängt. Um drei Uhr in der Früh des Sonntags flog ein Jaguar nach einem Reifenplatzer spektakulär von der Bahn, fünf Stunden später legte sich die zweite Katze mit einer defekten Zylinderkopfdichtung zur Ruhe, während die dritte sich in Richtung fünfter Platz kränkelte. Stuck, Bell und Holbert aber fuhren durch und siegten. Ein süßer Triumph in einem harten Jahr.

___ Die Nacht kommt, und bald setzt der Regen ein. Das ist Stuck-Wetter. Der Bayer sitzt im Auto und wird mit Fabelrunden den Grundstein für den Sieg legen.

Bibliografische Information der Deutschen Nationalbibliothek
Die Deutsche Nationalbibliothek verzeichnet diese Publikation
in der Deutschen Nationalbibliografie; detaillierte bibliografische
Daten sind im Internet über http://dnb.d-nb.de abrufbar.

© Emons Verlag GmbH
Alle Rechte vorbehalten
© alle Abbildungen: Historisches Archiv Porsche,
außer Nr. 77 Gottfried Bechtold, Kunsthaus Bregenz
Nr. 72 © Jeremy Cliff
© Covermotiv: mauritius images/Motoring Picture Library/Alamy
Layout: Jörg Weusthoff, Weusthoff & Reiche Design, Hamburg
nach einem Konzept von Lübbeke | Naumann | Thoben

Druck und Bindung: Elma Basim Yayin ve Iletisim
Hizmetleri San.Tic.Ltd.Sti., Istanbul
Printed in Türkiye 2024
ISBN 978-3-95451-912-5

Der Verlag dankt dem Historischen Archiv Porsche, insbesondere
Jens Torner für die Bereitstellung des Bildmaterials und die gute Zusammenarbeit.

6. Auflage, 2024
Unser Newsletter informiert Sie
regelmäßig über Neues von emons:
Kostenlos bestellen unter
www.emons-verlag.de

Wilfried Müller schreibt seit mehr als drei Jahrzehnten über Autos, über Menschen, die Autos bauen, und über verwegene Zeitgenossen, die sie fahren. Als Motorsport-Reporter reiste der geborene Kölner viele Jahre um die Welt, verfasste später zahlreiche Bücher und entwickelte seine Leidenschaft für das Thema Porsche, das er bis heute »beackert«. Wilfried Müller lebt mit seiner Frau und seinen beiden Kindern in Neuseeland.